世界之最

张哲◎编

时代出版传媒股份有限公司
安徽科学技术出版社

图书在版编目（CIP）数据

令人惊奇的世界之最 / 张哲编. —合肥：安徽科学技术出版社，2012.11
（最令学生着迷的百科全景）
ISBN 978-7-5337-5526-3

Ⅰ. ①令… Ⅱ. ①张… Ⅲ. ①科学知识－青年读物②科学知识－少年读物 Ⅳ. ①Z228.2

中国版本图书馆 CIP 数据核字（2012）第 050285 号

令人惊奇的世界之最 **张哲 编**

出 版 人：黄和平 责任编辑：张 硕 封面设计：李 婷
出版发行：时代出版传媒股份有限公司 http: //www.press-mart.com
安徽科学技术出版社 http: //www.ahstp.net
（合肥市政务文化新区翡翠路 1118 号出版传媒广场，邮编：230071）
印 制：合肥杏花印务股份有限公司

开本：720×1000 1/16 印张：10 字数：200 千
版次：2012 年 11 月第 1 版 印次：2023 年 1 月第 2 次印刷

ISBN 978-7-5337-5526-3 定价：45.00 元

QIANYAN

前言

数千年来，人类一直感叹自然造物的神奇，同时，人类自己也不断创造奇迹。最大的陨石、最宽的瀑布、最高的动物、生命力最顽强的植物、最早的电话、最美丽的雕像……天文世界的奥妙无穷、大自然的奇景异致、动物王国的千奇百怪、植物家族的多姿多彩、科学技术的日新月异、人类智慧的璀璨夺目都体现着世界的博大与精深。

每一个“世界之最”或彰显大自然的斑驳陆离，或成为人类社会发展中的一座里程碑，或留下科学史上的一个奇迹。因此，有关世界之最的话题长期以来一直为人们所津津乐道。本书从知识性和趣味性的角度出发，向读者介绍了天文、地理、动物、植物、科技、人文六个领域的世界之最，将读者引入了一个新奇、神秘的世界。

在这里，我们可以倾听来自大千世界的玄妙声音，感受源自生命的神奇力量，开启一份新鲜、一份真实，获得一种充实、一种收获。

CONTENTS

目录

天文之最

地理之最

CONTENTS

令人惊奇的世界之最

令人惊奇的世界之最

CONTENTS

CONTENTS

科技之最

人文之最

令人惊奇的世界之最

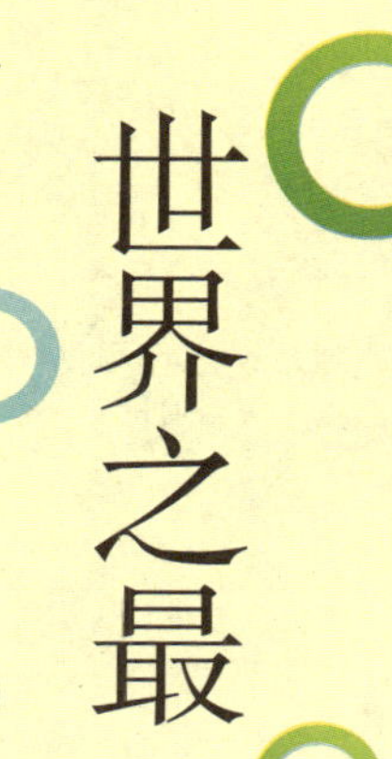

天文之最

从远古时代起，人类的祖先就已开始仰望苍穹，关注宇宙。在很长的一个时期内，地球一直被人们当成宇宙的中心，然而，随着科技文明的不断进步，一个个新发现接踵而至，人类也意识到了自身的渺小。但凭借着不懈的努力和创造性的智慧，人类在探索宇宙的道路上已经走得越来越远，宇宙的奥秘也正在逐渐被解开。

最著名的天文望远镜

以天文学家哈勃命名的"哈勃"太空望远镜，不仅是第一个被送上太空的望远镜，而且也是迄今为止最著名的太空望远镜。它的出现填补了地面观测的很多不足之处，帮助人类发现了宇宙中更多的奥秘。

基本数据

"哈勃"太空望远镜总长度超过13米，质量超过11吨，主镜面直径约为2.4米。它运行在地球大气层外缘离地面约600千米的轨道上，大约每100分钟环绕地球一周。

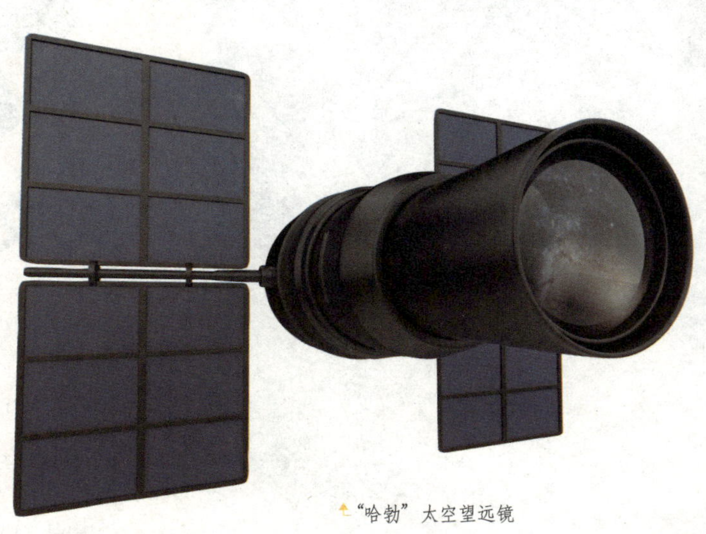

"哈勃"太空望远镜

发现号航天飞机和哈勃太空望远镜

历史

"哈勃"太空望远镜的构想可追溯到1946年，开始设计于20世纪70年代，建造及发射耗资超过20亿美元。在1980年初，望远镜被命名为"哈勃"，以纪念在20世纪初期发现宇宙膨胀的美国天文学家爱德文·哈勃。

升空

"哈勃"太空望远镜原定于1986年升空，但该年1月发生了"挑战者"号航天飞机爆炸的事件，所以，它升空的日期被推迟。1990年4月24日，"哈勃"太空望远镜终于随"发现"号航天飞机发射升空。

硕果累累

“哈勃”太空望远镜服役的十几年来，对太空中的 2.5 万个天体拍摄了 50 多万张照片。科学家根据它的观测结果，撰写了 7 000 多篇科学论文，这使“哈勃”太空望远镜成为人类制造的最高产的科学仪器之一。

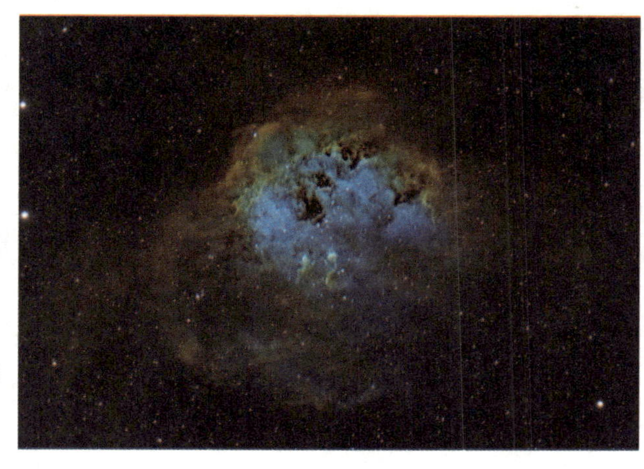

“哈勃”太空望远镜拍摄的蝌蚪星云图

知识小笔记

目前，美国、加拿大正与欧洲联合开发下一代太空望远镜——“詹姆斯·韦布”望远镜，该望远镜有望于 2013 年发射升空，代替“哈勃”太空望远镜。

维修

现在，“哈勃”太空望远镜已到“晚年”。它在太空工作的十几年中，经历了 5 次大修，分别为 1993 年、1997 年、1999 年、2001 年和 2009 年。经过 2009 年的最后一次维护，“哈勃”太空远镜有望工作至 2014 年。

“哈勃”太空望远镜在太空

第一艘载人登月飞船

1969年7月16日，美国东海岸佛罗里达州卡纳维拉尔角的肯尼迪发射场上，一艘名为“土星”5号的火箭将第一批登月者和他们乘坐的登月飞船“阿波罗”11号送上了太空。由此，“阿波罗”11号成为了第一艘载人登月飞船。

“土星”5号运载火箭

“土星”5号运载火箭

“土星”5号运载火箭高110米，约有36层楼房那么高，这是当时世界上威力最强大的运载火箭。火箭第一级有五台发动机，它们各有692.8吨推力。点火后，这个3 200吨的巨物便迅速飞向高空。由它和登月舱组成的“阿波罗”11号宇宙飞船将第一批登月者送上月球。

飞向月球

火箭起飞后12分钟，第一、二级火箭已脱离飞船，第三级火箭进入绕地球飞行的轨道。在绕地球飞行的轨道上进行飞行校正和检查后，第三级火箭重新点火，飞船很快超过了第二宇宙速度（每秒11.4千米），向月球飞去。

“阿波罗”飞船

“阿波罗”飞船有指挥舱、服务舱和登月舱三部分。7月21日登月舱连同两名宇航员在月面上缓缓着陆。另一名宇航员则在指挥舱内继续绕月球飞行。

在月亮上的宇航员

知识小笔记

“阿波罗”11号中的三名宇航员分别为尼尔·阿姆斯特朗、埃德温·奥尔德林和迈克尔·科林斯。

登月舱落回月面

7月22日，两名宇航员在月面考察结束以后，登月舱上升起飞，与指挥舱对接。登月的两宇航员再次进入指挥舱，一小时以后，登月舱与指挥舱分离，登月舱落回月球表面。

“阿波罗”11号飞船

指挥舱回到地球

登月舱落回月面后，服务舱的火箭开始工作。等到进入大气层时，服务舱和指挥舱分离。服务舱穿越大气层后坠毁。7月24日指挥舱重新进入地球大气层，溅落在太平洋上，回到地面上的指挥舱只有5 600千克重。

最大的陨石

晴朗的夜晚，繁星满天，仰望夜空时，我们偶尔可以见到流星拖着闪亮的尾巴划过天空，消失在天边。这种坠落到地球上的流星，科学家称之为陨石。它是从宇宙空间落到地球的固体物质，是人类直接认识太阳系各星体珍贵稀有的实物标本，极具收藏价值。

陨石的来源

陨石是由某种特殊原因形成的，或是星球爆炸、崩裂，或是飞出的宇宙尘埃，或是两两星球碰撞下来的碎块……当它们闯入地球大气层内时，由于高速飞行和大气的摩擦作用而燃烧消融，到达地球表面时，已变成了黑黝黝的、沉甸甸的石头，这就是陨石。

知识小笔记

在我国新疆的阿勒泰地区青沟县境内银牛沟发现的铁陨石，重约28吨，是世界第三大铁陨石。

陨石的分类

陨石根据其内部的铁镍金属含量高低通常分为三大类：石陨石、铁陨石、石铁陨石。石陨石中的铁镍金属含量最小，石铁陨石的铁镍金属含量次之，铁陨石的铁镍金属含量最大。

陨石撞击

铁陨石

最大的石陨石

1976 年 3 月 8 日 15 时，吉林地区东西 12 千米，南北 8 千米，总面积 500 多平方千米的范围内，降了一场世界罕见的陨石雨。所收集到的陨石有 200 多块，最大的 1 号陨石重 1 770 千克，是世界上最大的石陨石。

最大的铁陨石

世界上最大的铁陨石在非洲的纳米比亚。这块大陨石长 2.95 米，宽 2.84 米，重约 60 吨。据说这块大陨石形成于约 1.9 亿 ~ 4.1 亿年前，于 3 万 ~ 8 万年前坠落到地球上，直到 1920 年才被荷巴农场的开发者从泥土中无意间发现。

纳米比亚铁陨石

最大的石铁陨石

世界上最大的石铁陨石位于我国山东省的莒南县坪上镇大铁牛庙村中，它长 1.4 米，重达 3.72 吨，被人们叫作“铁牛”。

石铁陨石

最早提出地球围绕太阳转的人

最早提出地球围绕太阳转的人是波兰天文学家哥白尼，他提出的这个观点一般被称作“日心说”。日心说经历了艰苦的斗争后，才为人们所接受，这是天文学上一次伟大的革命，不仅引起了人类宇宙观的重大革新，而且从根本上动摇了欧洲中世纪宗教神学的理论支柱。

最早的日心说

实际上，早在公元前 300 多年的阿里斯塔克斯就已经提到过太阳是宇宙的中心，地球是围绕太阳运动的。但阿里斯塔克斯只是凭借灵感做了一个猜想，并没有加以详细的讨论，因而他的学说在科学上毫无用处。

知识小笔记

1543 年 5 月 24 日，哥白尼与世长辞，终年 70 岁，去世前，他一直用冰冷的双手抚摸着刚刚印好的《天体运行论》样书。

哥白尼得到盛誉

虽然阿里斯塔克斯比哥白尼提出日心学说早 1 700 多年，但是事实上哥白尼得到了这一盛誉。因为哥白尼逐个解决了猜想中的数学问题，并把它变成了有用的科学学说。

波兰著名天文学家尼古拉·哥白尼

地心说

在哥白尼发表他的日心说之前，地心说在中世纪的欧洲一直居于统治地位。地心说认为地球是宇宙的中心且静止不动，日、月、行星和恒星都围绕地球运动，而恒星远离地球，位于太空这个巨型球体之外。

哥白尼的太阳中心说

证实日心说

即使在《天体运行论》发表后，哥白尼的日心说还不断受到教会、大学等机构与天文学家的蔑视和嘲笑。终于在60年后，开普勒和伽利略用大量实验事实和详细的计算证实了哥白尼的“日心说”。

提出日心说

1535年，哥白尼完成了科学巨著《天体运行论》，但他却害怕教会反对，迟迟不敢发表，直到临近古稀之年才终于决定将它出版。1543年，哥白尼的日心说公之于众，书中首次提出了太阳是宇宙的中心。

太阳系

最早发现地球引力的人

其实人类早在发现地球引力之前就已经开始利用地球引力了，例如古人使用天平和杆秤来称量物体的重量，这都是利用地球引力的作用完成的。但是，人类真正认识地球引力也不过只有几百年的时间。最早发现并开始研究地球引力的人是英国的大科学家牛顿。

苹果落地

1666 年的一天，英国一个叫作牛顿的大学生坐在苹果树下看书，这时一个苹果落了下来，这个现象激发这位年轻人开始思考：苹果为什么会落在地上，而不飞向天空呢？

牛顿

牛顿发现万有引力

地球引力的发现

后来，牛顿经过认真研究终于发现了苹果落地是因为地球具有引力的缘故。苹果落地、雨滴降落和行星沿着轨道围绕太阳运行都是地球引力作用的结果。从而，牛顿发现了万有引力。

知识小笔记

牛顿是英国伟大的数学家、物理学家、天文学家和自然哲学家，他在科学上最卓越的贡献是微积分和经典力学的创建。

牛顿在1687年发表的论文《自然哲学的数学原理》里，对万有引力和三大运动定律进行了描述。这些描述奠定了此后三个世纪里物理世界的科学观点，并成为了现代工程学的基础。

万有引力

万有引力是由于物体具有质量而在物体之间产生的一种相互作用。它的大小和物体的质量以及两个物体之间的距离有关。物体的质量越大，它们之间的万有引力就越大；物体之间的距离越远，它们之间的万有引力就越小。

科学巨人

1643年1月4日，牛顿出生于英格兰林肯郡小镇沃尔索浦的一个自耕农家庭里，由于早产，接生婆和他的亲人都担心牛顿活不下来。谁也没有料到他不但成为了一位震古烁今的科学巨人，并且活到了84岁的高龄。

牛顿使用的6英寸反射望远镜。

站在巨人的肩上

牛顿在力学和天文学方面的成就卓著，当然这离不开伽利略、开普勒、胡克、惠更斯等人的努力，正像他自己所说的那样：“如果说我看得远，那是因为我站在巨人的肩上。”

地理之最

地球是浩瀚宇宙中一颗普通的行星，它的形成和发展经历了十分漫长的过程。如今，地球上各种各样的地貌就是大自然的神奇力量，只有经历了亿万年的沧海桑田才能创造出美丽的山川、蜿蜒的河流、宁静的湖泊、险峻的山峰、辽阔的平原、蔚蓝的大海、浩瀚的沙漠、幽深的峡谷、神秘的洞穴……

最大和最小的海

地球表面的大部分地方被海水所覆盖，这些海洋面积的大小、水体深度等都各不相同，其中世界上面积最大、水体最深的海要数位于南太平洋的珊瑚海，而最小的海要算是土耳其的内海——马尔马拉海。

珊瑚海

珊瑚海西临澳大利亚大陆、东面有所罗门群岛和新几内亚岛、南面连着塔斯曼海，总面积 479.1 平方千米，这相当于半个中国的大小了。

珊瑚虫的家园

珊瑚海位于赤道附近，全年水温都保持在 20℃以上，最热的月份甚至超过了 28℃。珊瑚海的海水含盐量一般在 27‰~38‰ 之间，这是大多数珊瑚虫最喜欢的生存环境。经过长期的繁衍生息，这里成为了珊瑚虫聚集的家园。

知识小笔记

位于欧洲大陆和斯堪的纳维亚半岛之间的波罗的海的含盐量最高处为 20‰，最低处为 2‰，远远低于海水含盐量的平均值 35‰，所以是世界上最淡的海。

珊瑚海

马尔马拉海

马尔马拉海位于亚洲小亚细亚半岛和欧洲的巴尔干半岛之间，为土耳其的内海。它长 270 千米、宽 70 千米，面积只有 1.1 万平方千米，是世界上最小的海。

马尔马拉海

兵家必争之地

马尔马拉海东北端经博斯普鲁斯海峡通黑海，西南经达达尼尔海峡通爱琴海—地中海—大西洋，其余的被土耳其包围，是黑海—地中海—大西洋的必经之地，是欧、亚两洲的天然分界线，地理位置十分重要，历来是兵家必争之地。

大堡礁

在珊瑚海的大陆架和浅滩上，到处都有大量的珊瑚礁，在退潮时露出海面，形成热带海域所特有的美丽景观，“珊瑚海”也因此而得名。珊瑚海中最大的珊瑚礁是大堡礁，它如同一个巨大的花环漂浮在海水中。

大堡礁

最大的洋和最小的洋

全球海洋一般被分为4个大洋和面积较小的海。4个大洋分别为太平洋、大西洋、印度洋和北冰洋，它们大部分以陆地和海底地形线为界。四大洋中最大的洋是太平洋，最小的洋是北冰洋。

太平洋

太平洋位于亚洲、大洋洲、南极洲和美洲之间，是世界上最大的洋，东西最宽处达到19 000多千米，南北最长处可达到16 000多千米，面积达1.8亿平方千米，占整个地球面积的35%，更是占据了整个世界海洋总面积的50%，超过了世界陆地面积的总和。

温暖的大洋

全世界海洋平均温度为17.5℃，而太平洋海面平均水温为19℃，是世界上最温暖的大洋。太平洋的水温比大西洋高2℃，这主要是因为白令海峡很窄，阻碍了北冰洋寒冷的水流入；太平洋热带海面宽广，储存的热量大。所以，在太平洋生成的台风多，约占世界台风总数的70%。

太平洋秀丽风景

丰富的资源

太平洋资源丰富，沿海的秘鲁、美国、加拿大、日本北海道，我国的舟山群岛等都是世界著名的渔场，产量占世界一半。海底石油蕴藏量也十分丰富，深海盆中还发现了大量锰结核，储量居各大洋之首。

北冰洋巨大的冰层

北冰洋

北冰洋位于北极圈之内，大致以北极点为中心，面积 1 405.6 万平方千米，约占世界大洋面积的 3.6%，平均深度 1 200 ～ 1 300 米，为世界大洋平均深度的 1/3。

北冰洋漂流的冰山和浮冰

巨大的冰层

北冰洋的洋面上有常年不化的冰层，占北冰洋面积的 2/3，厚度多在 2 ～ 4 米，其余海面上分布有自东向西漂流的冰山和浮冰，给航运带来极大威胁。北冰洋中央的海冰是永久性的海冰，已持续存在了 300 万年。

知识小笔记

北冰洋是亚、欧、北美三大洲的顶点，有联系三大洲的最短航线，地理位置很重要。

最长的海峡

莫桑比克海峡是世界最长的海峡，它位于非洲东南部国家莫桑比克和马达加斯加之间，是从南大西洋到印度洋的海上交通要道，波斯湾的石油有很大一部分要通过这里运往欧洲、北美，战略地位十分重要。

地理概况

莫桑比克海峡位于非洲大陆与马达加斯加岛之间，全长 1 670 千米（另有说法是 1 760 千米），海峡两端宽中间窄，平均宽度为 450 千米，北端最宽处达到 960 千米，中部最窄处为 386 千米。

海峡的形成

据地质学家研究，约在 1 亿多年以前，马达加斯加岛是和非洲大陆连在一起的，后来地壳变迁，岛的西部下沉，才形成了这条又长又宽的海峡。海峡的平均宽度有 450 千米，北端最宽处达 960 千米。

莫桑比克海峡

知识小笔记

南美洲智利以南的麦哲伦海峡是世界上最曲折的海峡。隔离英国与欧洲大陆之间的英吉利海峡和多佛尔海峡是世界上船只通过最多的海峡。

水文特征

海峡内大部分水深在2 000米以上，北端与南端水深则超过 3 000米，中部约2 400米，最大深度超过3 500米，深度仅次于德雷克海峡和巴士海峡。海峡内海水表面年平均温度在20℃以上，炎热多雨，夏季时有因气流交汇而产生的飓风。

复杂的地形

海峡两岸地形复杂。马达加斯加岛的西北岸为基岩海岸，蜿蜒曲折，穿插着珊瑚礁和火山岛。莫桑比克北部海岸为犬齿形侵蚀海岸。由此往南，海峡两岸都为沙质冲积海岸，发育着沙洲和河口三角洲，唯独赞比西河口两侧为红树林海岸。

莫桑比克南部地区

水产资源

莫桑比克海峡盛产龙虾、对虾和海参，并以其肉质鲜嫩肥美而享誉世界市场。东北部为近岸鱼类渔场。金枪鱼产量为印度洋最高产区之一。

莫桑比克的马普托海滩

最大的湖泊

世界上最大的湖泊是位于欧亚大陆之间的里海，虽然名字上带有海这个字，实际上它仅仅是一个巨大的湖泊。里海不仅是世界上最大的湖泊，也是世界上蓄水量最多的湖泊。

地理位置

里海位于亚欧大陆腹地，亚洲与欧洲之间，东、北、西三面湖岸分属土库曼斯坦、哈萨克斯坦、俄罗斯和阿塞拜疆，南岸在伊朗境内。

知识小笔记

位于约旦和以色列交界处的死海是世界上最咸的湖泊，其湖水的盐分含量达到了330‰，是一般海水含盐量的8倍之多。

地理概况

里海的面积为37.1万平方千米，体积约为7.8万立方千米，最深处1 025米，它的平均深度为209米，湖面海拔高度是−28米。有130多条河注入里海，其中伏尔加河、乌拉尔河和捷列克河从北面注入，3条河的水量占全部注入水量的88%。

里海

里海的形成

1 万多年前，里海曾与黑海、地中海相连，海水彼此沟通。后经地壳运动，地形发生了明显的变化，高加索山和厄尔布尔士山的隆起，把里海与海洋分离开了，从而形成今日这个内陆湖。

生物资源

里海生物资源丰富，动植物种类繁多。植物 500 多种，动物 850 种，其中 15 种是典型的北冰洋型和地中海型动物，也有海豹等海兽栖息。常见的鱼类有鲟鱼、鲱鱼、河鲈等。

栖息在里海的海豹

石油资源

里海地区石油资源丰富，两岸的巴库和东岸的曼格什拉克半岛地区以及里海的湖底，是重要的石油产区。里海湖底的石油生产，已扩展到离岸数十千米的水域。

里海地区石油

最深的湖泊

在广阔的西伯利亚南部，有一个世界上最深的湖泊——贝加尔湖，湖形狭长弯曲，湖水清澈透明。在我国古书上，贝加尔湖地区被称为“北海”，是我国古代北方少数民族的主要活动地区，汉代苏武牧羊的故事就发生在这里。

地理概况

贝加尔湖长 636 千米，平均宽 48 千米，最宽 79.4 千米，面积 3.15 万平方千米，湖面海拔 456 米，平均深度 744 米，最深处约 1 640 米，如果我们把高大的泰山放入湖中的最深处，山顶距水面还有 100 米。

知识小笔记

的的喀喀湖是南美洲海拔最高、面积最大的淡水湖，海拔 3 812 米，位于玻利维亚和秘鲁两国交界的科亚奥高原上，被称为“高原明珠”。

气候特征

贝加尔湖地区阳光充沛，雨量稀少，冬暖夏凉，湖水清澈，水深 40 米处清晰可见。冬季，湖水结冰期历时 4 ~ 5 个月。但是，湖内深处的温度一直保持不变，约 3.5℃。

贝加尔湖

形成原因

贝加尔湖是由地壳的深裂谷或裂隙积水形成的。在贝加尔湖的周围，有色楞格河等大大小小 336 条河流千百万年来源源不断地流入湖中，而从湖中流出的河流仅一条安加拉河，向北流去，奔向叶尼塞河。

贝加尔湖海豹

巨大的蓄水量

贝加尔湖还是世界上蓄水量最大的淡水湖，其总蓄水量 23 600 立方千米，相当于北美洲五大湖蓄水量的总和，约占地表不冻淡水资源总量的 1/5。假设贝加尔湖是世界上唯一的水源，其水量也够 50 亿人用半个世纪。

丰富的生物资源

贝加尔湖中有植物 600 种，水生动物 1 200 种，其中 3/4 为贝加尔湖所特有，从而形成了其独一无二的生物种群，如各种软体动物、海绵生物以及海豹等珍稀动物。其中环斑海豹是贝加尔湖的标志性动物，也是世界上独一无二的淡水海豹，它体形圆且肥胖，在水中颇为灵巧。

贝加尔湖湖山相映，水树相亲，风景格外绮丽。

最长的河

埃及境内的尼罗河一直被埃及人民奉为母亲河，这条河不仅是埃及的生命线，也是世界上最长的河流。在撒哈拉沙漠和阿拉伯沙漠的左右夹持中，蜿蜒的尼罗河犹如一条绿色的走廊，充满着无限的生机。

地理概况

尼罗河全长约 6 700 千米，是世界第一长河，发源于埃塞俄比亚高原，流经布隆迪、卢旺达、坦桑尼亚、乌干达、苏丹和埃及等国，跨越世界上面积最大的撒哈拉沙漠，最后注入地中海。

知识小笔记

南美洲的亚马孙河是世界上流量最大、流域面积最广的河流，也是仅次于尼罗河的世界第二长河。

支流

尼罗河是由卡盖拉沙、白尼罗河和青尼罗河三条河流汇流而成。卡盖拉河是非洲东部的河流，是尼罗河的上源。白尼罗河是尼罗河最长的支流。青尼罗河冲入苏丹平原后与白尼罗河汇合后才是大家所熟悉的尼罗河。

长年流水的河道

尼罗河有很长的河段流经沙漠，河水水量在那里只有损失而无补给。但是由于河流的上源为热带多雨区域，那里的流量巨大，所以河水虽然在沙漠沿途因蒸发、渗漏而失去大量径流，但尼罗河仍然能维持一条长年流水的河道。

尼罗河三角洲

绿色走廊

几千年来，尼罗河每年 6 ~ 10 月定期泛滥。8 月份河水上涨最高时，会淹没河岸两旁的大片田野。10 月以后，洪水消退，带来了肥沃的土壤，人们在上面栽培了棉花、小麦、水稻、椰枣等农作物，在干旱的沙漠地区形成了一条“绿色走廊”。

尼罗河三角洲

尼罗河下游谷地三角洲是人类文明的最早发源地之一，拥有五千年文明的埃及就在这里创造出辉煌的埃及文化。至今，埃及仍有 90%以上的人口和绝大部分工农业生产集中在这里。

最宽的瀑布

世界上最宽的瀑布是南美洲的伊瓜苏瀑布，它位于巴西和阿根廷交界的伊瓜苏河下游，河水顺着倒U形峡谷的顶部和两边向下直泻，形成一个景象壮观的半环形瀑布群，在阳光照射下形成无数美丽的彩虹，景色蔚为壮观。

巨大的宽度

伊瓜苏瀑布为马蹄形，高 82 米，宽 4 000 米，是北美洲尼亚加拉瀑布宽度的 4 倍，比非洲的维多利亚瀑布还要宽。雷鸣般的水声可以传到 25 千米以外的地方，巨浪掀起的水雾高达 150 米。

气势磅礴的伊瓜苏瀑布

知识小笔记

位于非洲南部赞比亚和津巴布韦交界处的维多利亚瀑布是世界上声音最大的瀑布。

阳光下的伊瓜苏瀑布

瀑布的形成

伊瓜苏河发源于库里蒂巴附近的马尔山脉，沿途接纳大小支流约 30 条，流至伊瓜苏瀑布处，河面展宽约 4 000 米，河中大小岩岛星罗棋布，把河水分隔成一系列急流，因而形成世界上最宽的瀑布。

发现瀑布

1542 年，一位西班牙传教士在南美巴拉那河流域的热带雨林中，意外地发现了伊瓜苏大瀑布。如今，阿根廷和巴西为保护这里的景观与相关的野生动植物，在瀑布附近设立了伊瓜苏国家公园。

伊瓜苏瀑布距伊瓜苏河与巴拉那河汇流点约 23 千米。它不仅是南美洲最大、最壮观的瀑布，也是世界五大著名瀑布之一。

历史传说

当地有这样一个美丽的传说：某部族首领之子祈求诸神恢复他深爱的公主的视力，结果大地裂开为峡谷，河水涌入，把他卷进谷里，而公主却重见光明，成为第一个看到伊瓜苏瀑布的人。

最大的岩石

世界上最大的岩石叫作艾尔斯巨石，它犹如巨兽俯卧在澳大利亚大陆中央的荒原上，又如饱经风霜的老人，在此雄伟地耸立了几亿年。最令人称奇的是艾尔斯巨石在一天之内会随着时间的流逝变幻出不同的颜色。

地理位置

艾尔斯巨石位于澳大利亚中北部的艾丽斯斯普林斯西南方向约 340 千米处，周长约 8.5 千米，海拔 867 米，距地面的高度为 348 米，长 3 000 米，东高宽而西低窄。

艾尔斯巨石被联合国科教文组织评为世界自然遗产，同时，艾尔斯巨石在英国 BBC 评出的“人一生中必去的 50 处胜地”中排名第 12 位。

巨石的形成

约 5 亿年前，澳大利亚中部一度是海洋，底部堆积着一层层软沙，后来经地壳运动向上抬升而形成了这块世界上最大的岩石。现在，巨石的大部分仍然埋在地下。

艾尔斯巨石是土著人心中的“圣石”

巨石的命名

1873 年，一位地质测量员到此勘探，意外地发现了这一世界奇迹，由于他来自南澳洲，故以当时南澳洲总理亨利·艾尔斯的名字命名这块巨石。

神奇的巨石

当太阳从沙漠的边际冉冉升起时，巨石会“披上浅红色的盛装”，鲜艳夺目、壮丽无比；到中午，则又“穿上橙色的外衣”；当夕阳西下时，巨石则姹紫嫣红，在蔚蓝的天空下犹如熊熊的火焰在燃烧；到夜幕降临时，它又匆匆“换”上黄褐色的“晚礼服”，风姿卓越地回归大地母亲的怀抱。

艾尔斯岩石

变色的缘由

地质学家认为艾尔斯巨石变色的缘由与它的成分有关。巨石实际上是岩性坚硬、结构致密的石英砂岩，岩石表面的氧化物在一天阳光的不同角度照射下，就会不断地改变颜色。

最大的沙漠

号称“死亡之海”的撒哈拉沙漠是世界上最大的沙漠，它位于非洲北部，西从大西洋沿岸开始，北部以阿特拉斯山脉和地中海为界，东部直抵红海，南部到达苏丹和尼日尔河河谷。撒哈拉，在阿拉伯语中意为“大荒漠”。

地理概况

撒哈拉沙漠东西长达 5 600 千米，南北宽约 1 600 千米，面积超过 900 万平方千米，约占非洲总面积 32%，可以将整个美国本土装进去。

知识小笔记

撒哈拉沙漠是多个国家共有的，这些国家包括埃及、利比亚、利比里亚、阿尔及利亚、尼日尔和苏丹等。

气候特征

这里不但气候炎热干燥，而且温差大，最热的几个月中，温度超过 50℃。冬天气温却会下降到 0℃以下，日常的气温变化也在−0.5 ~ 37.5℃之间。

撒哈拉沙漠中的骆驼队

撒哈拉沙漠沙漠绿洲

沙漠的历史

在1万多年前，撒哈拉沙漠还是一个水源丰富，植被茂密的富饶之地，但是在随后的几千年时间里，这块陆地变得越来越干旱，最终变成了大沙漠。自人类有历史记载以来，撒哈拉地区就是沙漠。

沙漠的成因

现在科学家认为，撒哈拉沙漠之所以干燥，是因为它所处的地理位置的缘故，这里常年被副热带高气压控制，冷湿气团无法进入，因此气候炎热干燥。而且南部高原阻挠了暖湿气团的到来，来自东北的信风吹走了能带来雨水的云团，使这里的气候更加恶劣。

撒哈拉地区全年平均气温超过30℃，最干燥的地区年降雨量少于25毫米，有些年份全年无雨。

丰富的资源

撒哈拉沙漠虽然气候恶劣，但是却储藏有许多资源，自从20世纪50年代以来，沙漠中陆续发现了丰富的石油、天然气、铀、铁、锰、磷酸盐等矿藏。

落差最大的瀑布

安赫尔瀑布隐藏在委内瑞拉的高山密林之中，远看如在大石盆上挂下的白色练带，近看，势如闪电的飞虹，溅得满山谷珠飞玉溅、云雾蒸腾、山谷轰鸣。安赫尔瀑布的落差约979.6米，是世界上落差最大的瀑布。

地理位置

安赫尔瀑布位于委内瑞拉东南部，卡罗尼河支流卡劳河源流丘伦河上，气势雄伟、景色壮观，果真应了那句“飞流直下三千尺，疑是银河落九天”的著名诗句。当地的印第安人为其取名为丘伦梅鲁瀑布。

安赫尔瀑布水量虽然不大，但气势雄伟、景色壮观。

位于南非的土格拉瀑布是仅次于安赫尔瀑布的世界第二高瀑布，总落差达到947米。

发现瀑布

1935年，西班牙人卡多纳首次发现了原本只有当地印第安人才知晓的丘伦梅鲁瀑布。1937年，美国探险家安赫尔为了寻找黄金，驾驶飞机飞越委内瑞拉高地时无意发现了瀑布，后来在对瀑布考察时坠机，为了纪念他，委内瑞拉政府将瀑布以“安赫尔”命名。

巨大的路差

安赫尔瀑布是世界上落差最大的瀑布，丘伦河水从平顶高原奥扬特普伊山的陡壁直泻而下，几乎未触及陡崖，瀑布分为两级，先泻下807米，落在一个岩架上，然后再跌落172米，落在山脚下一个宽152米的大水池内。

水花四溅的安赫尔瀑布

"白色练带"般的安赫尔瀑布。

难睹芳容

今天的安赫尔瀑布虽然驰名世界，然而，能够有机会亲眼目睹其"芳容"的人还是为数寥寥。层层茂密的原始森林遮蔽了游人的视线，不可能步行抵达瀑布的底部。雨季时，河流因多雨而变深，人们可以乘船进入。在一年的其他时间里，只能租乘飞机从空中观赏瀑布。

勇敢的探险者

乘飞机观赏安赫尔瀑布时，飞机要在峡谷中盘旋穿行，旅途十分惊险。因此，凡是乘飞机浏览瀑布的人，都可以得到一张特制的"勇敢的探险者"证书。

流经国家最多的河流

多瑙河像一条蓝色的飘带蜿蜒在欧洲的大地上，全长2850千米，发源于德国西南部，流经德国、奥地利、斯洛伐克、匈牙利等10多个国家，是世界上流经国家最多的河流。

文字记载

多瑙河是仅次于伏尔加河的欧洲第二长河，它沿途接纳了300多条大小支流，其流域范围还包括瑞士、捷克、斯洛文尼亚等6个国家，流域面积达81.7万平方千米。

知识小笔记

湄公河流经中国、老挝、缅甸、泰国、柬埔寨和越南，是亚洲重要的国际河流，其上游在中国境内称为澜沧江。

山地河流

多瑙河上游的河水主要依靠山地冰川和积雪补给，冬季水位最低，暮春盛夏冰融雪化，水量迅速增加，上游流经崎岖的山区，河道狭窄，河谷幽深，两岸多峭壁，水中多急流险滩，是一段典型的山地河流。

蓝色的、碧波粼粼的多瑙河缓缓穿过市区。

经济中心

多瑙河中游河谷较宽，河道曲折，流经地区都是各国的经济中心，布拉迪斯拉发、布达佩斯和贝尔格莱德等如同颗颗耀眼的明珠，闪耀在碧水银波的多瑙河两岸。匈牙利的首都布达佩斯是欧洲著名古城，风光秀丽，景色如画，被人们誉为“多瑙河上的明珠”。

多瑙河三角洲

多瑙河三角洲

多瑙河下游河口形成了著名的多瑙河三角洲，这里是鸟类的天堂，是欧洲飞禽和水鸟最多的地方，来自欧、亚、非三大洲的候鸟会合于此，形成热闹非凡而又繁华壮丽的景象。

文明的足迹

人类文明的足迹为多瑙河增加了许多浪漫而迷人的色彩，多瑙河中游平原是匈牙利、塞尔维亚两国重要的农业区，素有“谷仓”之称。下游形成美丽富饶的沼泽王国，是世界上著名的芦苇产区，由于芦苇全身是宝，所以被罗马尼亚人亲切地称为“沙沙作响的黄金”。

多瑙河上的明珠——匈牙利的首都布达佩斯

最长的裂谷

东非大裂谷被称为地球的伤痕，是世界上最长的裂谷，它的长度相当于地球周长的1/6，东非大裂谷最深约2 000米，宽为30～100千米。东非大裂谷气势宏伟、景色壮观，是纵贯东部非洲的地理奇观，也是一本丰富的地质百科全书。

地理位置

东非大裂谷南起赞比西河的下游谷地，向北延伸到马拉维湖北部，并在此分为东西两条。东边的是主裂谷，沿维多利亚湖东侧，向北一直延伸到约旦谷地，全长近6 000千米。西面大致沿维多利亚湖西侧由南向北逐渐消失，全长1 700多千米。

历史和未来

东非大裂谷是由于3千万年前的地壳板块运动，非洲东部底层断裂形成的。有关地理学家预言，未来非洲大陆将沿裂谷断裂成2个大陆板块。东非裂谷带两侧的高原上还分布有众多的火山，如乞力马扎罗山、肯尼亚山、尼拉贡戈火山等。

东非大裂谷

知识小笔记

在肯尼亚境内，大裂谷纵贯南北，将这个国家劈为两半，恰好与横穿全国的赤道相交叉，因此，肯尼亚又被人们称作“东非十字架”。

天然的蓄水池

东非大裂谷是一座巨型天然蓄水池，非洲大部分湖泊都集中在这里，大大小小约有 30 个，例如维多利亚湖为非洲第一大湖，坦噶尼喀湖为世界第一深湖等。这些湖泊呈长条状，像一串晶莹的珍珠，沿大裂谷一字排开。

红鹤

野生动物的乐园

东非大裂谷还是野生动物的乐园，湖区土地肥沃，植被茂盛，野生动物众多，大象、河马、非洲狮、犀牛、羚羊、狐狼、红鹤、鹈鹕、秃鹫等都在这里栖息。

原始人类

东非大裂谷的另一个特色是，它可能是人类文明最早的发源地。科学家在裂谷北部的图尔卡纳湖附近，曾发现过 260 万年前古人类头盖骨化石，这是目前为止所发现的最古老的史前人类证据。

最长的山脉

安第斯山脉是世界最长的山脉，它耸立在南美洲大陆的西部边缘，属于美洲大陆科迪勒拉山系的南半段。它犹如一条长龙静卧在太平洋的东岸，南北绵延9 000千米，比著名的喜马拉雅山脉还要长出6 000千米。

地理位置

安第斯山脉纵贯南美大陆西部，大体上与太平洋海岸平行，北起特立尼达岛，南至火地岛，跨越委内瑞拉、哥伦比亚、厄瓜多尔、秘鲁、玻利维亚、阿根廷、智利7个国家，占地面积180万平方千米。

阿空加瓜山

在安第斯山众多的高峰之中，阿空加瓜山凌空而起，海拔6 959米，是世界上最高的死火山。它位于阿根廷的西部边境，山峰呈圆锥形，经常隐没在白云深处，风光迷人，气势宏伟。

安第斯山脉

知识小笔记

位于安第斯山脉西麓的智利素有“铜矿之国”的美誉，查明铜矿的蕴藏量达1.85亿吨，占世界铜矿储藏量的1/4。

处于火山活动区

时至今日，形成安第斯山脉的地壳运动仍然没有停止，作为通常称之为“火环”的更大的环太平洋火山系的一部分，安第斯山脉现在仍处在火山活动期，容易发生破坏性的地震。

矿产资源丰富

安第斯山脉矿产资源的蕴藏量极其丰富，其中锂的蕴藏量占世界已探明锂储藏量的40%左右，而且有品位高达55%的铁矿2亿多吨、煤矿储量4.5亿吨以及丰富的铀矿和天然气资源。此外还有大量的金、银、铜、铅、锡、钨、钼和硝石等矿藏。

安第斯山脉山势雄伟，绚丽多姿，是世界上最壮观的自然景观之一。

森林广阔

安第斯山脉分为北、中、南三段。北段和南段气候湿润，森林广阔，为南美国家提供了木材和造纸原料，广阔的天然牧场也为发展畜牧业提供了便利条件，对南美经济起着不可忽视的重要作用。

南美洲安第斯山上的骆马

最大的峡谷

世界第一大峡谷雅鲁藏布大峡谷位于"世界屋脊"青藏高原之上，它长约500千米，最深处达6 009米，平均海拔3 000米以上，是世界上海拔最高、最深和最长的河流峡谷，堪称世界之最，被誉为"人类最后的密境"。

地理概况

雅鲁藏布江像一把利剑，将巍峨的喜马拉雅山拦腰切开，在下游大拐弯处的南迦巴瓦峰附近形成雅鲁藏布大峡谷，造成独特的"水汽通道"，向高原内部源源不断地输送水汽，使青藏高原东南部由此成为一片绿色世界。

发现与命名

1994年，我国科学家们对大峡谷进行了科学论证，以综合的指标，确认雅鲁藏布江干流上的这个大峡谷为世界第一大峡谷。新华通讯社向全世界及时报道了这一消息，全球为之轰动。1998年9月，国务院正式批准：大峡谷的科学正名为"雅鲁藏布大峡谷"。

雅鲁藏布江

知识小笔记

美国的科罗拉多大峡谷全长446千米，最大深度1 740米，是仅次于雅鲁藏布大峡谷的世界第二大峡谷。

雅鲁藏布大峡谷

形成原因

雅鲁藏布大峡谷地区曾经有过多次冰川作用，遗留下了完整的古冰川U形谷，还有该地区地壳300万年来的快速抬升及深部的地质作用共同形成了雅鲁藏布大峡谷。

丰富的生物资源

峡谷区自然资源极其丰富，初步查明有1 000多种野生动物和3 700多种野生植物，而且至今保持原始状态。这里栖息着云豹、小熊猫、羚羊、树蛙等珍奇动物。生长着野生杜鹃、瑞香、龙胆花、报春花、红豆杉、桫椤、冷杉、铁杉等珍稀植物以及许多人类未知的新物种。

最大的珊瑚礁

位于南半球太平洋上的大堡礁是世界上最大最长的珊瑚礁群，它由400多种绚丽多彩的珊瑚组成，造型千姿百态，从上空俯瞰，若隐若现的礁顶如艳丽的花朵，在碧波万顷的大海上怒放。

地理位置

大堡礁位于澳大利亚昆士兰州以东，巴布亚湾与南回归线之间的热带海域，沿澳大利亚东北海岸线绵延2 000余千米，东西宽20～240千米，总面积达20.7万平方千米，整个珊瑚礁群包含了3 000个大小不一的珊瑚礁岛。

大堡礁的“建筑师”

珊瑚虫是大堡礁的建筑师，它们以浮游生物为食，群体生活，能分泌出石灰质骨骼。老一代珊瑚虫死后留下遗骸，新一代继续发育繁衍，像树木抽枝发芽一样，向高处和两旁发展。如此年复一年，日积月累，珊瑚虫分泌的石灰质骨骼，连同藻类、贝壳等海洋生物残骸胶结在一起，堆积成一个个珊瑚礁体。

大堡礁的珊瑚礁

知识小笔记

大堡礁绚丽多彩的珊瑚景色吸引了世界各地的游客，1981年，联合国教科文组织将大堡礁列为世界自然遗产。

天然艺术图画

色彩斑斓的珊瑚礁有红色的、粉色的、绿色的、紫色的、黄色的。它们的形状千姿百态，有的似开屏的孔雀，有的像雪中红梅；有的浑圆似蘑菇，有的纤细如鹿茸；有的白如飞霜，有的绿似翡翠；有的像灵芝……形成一幅千姿百态、奇特壮观的天然艺术图画。

漂亮华丽的狮子鱼

千奇百怪的鱼

大堡礁海域内生活着大约 1 500 种热带海洋鱼类，有泳姿优雅的蝴蝶鱼，色彩华美的雀鲷，漂亮华丽的狮子鱼，好逸恶劳的印头鱼，脊部棘状突出并且释放毒液的石头鱼，还有天使鱼、鹦鹉鱼等各种热带观赏鱼。

海洋生物博物馆

大堡礁也是一座巨大的天然海洋生物博物馆。礁上椰树、棕榈树挺拔遒劲，藤葛密织，郁郁葱葱。珊瑚丛中游弋着 1 500 种鱼和 4 000 种软体动物，这里也是儒艮和大绿龟等濒临灭绝的动物的栖息之地，有近 1 米的大龙虾、上百千克重的砗磲，还有成群的海鸟如云遮空，更为大堡礁增添了勃勃生机。

空中大堡礁

最大的岛屿

在全球海洋大大小小的岛屿中，面积达 217.56 万平方千米的格陵兰岛排在第一位，它比紧跟其后的新几内亚岛、加里曼丹岛、马达加斯加岛的总和还要大 5.5 万平方千米。因此，格陵兰岛是当之无愧的全球最大的岛屿。

地理位置

格陵兰岛位于北美洲东北部，北冰洋和大西洋之间，海岸线全长 35 000 多千米，面积相当于冰岛面积的 20 多倍，约为美国面积的 1/4。

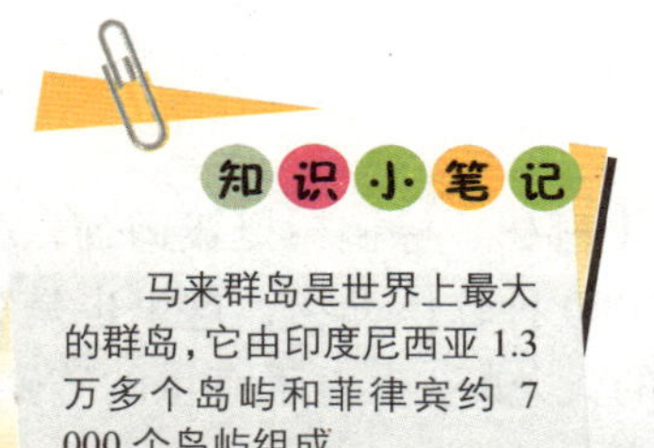

知识小笔记

马来群岛是世界上最大的群岛，它由印度尼西亚 1.3 万多个岛屿和菲律宾约 7 000 个岛屿组成。

寒冷的气候

全岛 2/3 在北极圈以北，气候寒冷，冰雪茫茫，中部地区的最冷月平均温度为 −47℃，温度最低时可以达到 −70℃，是地球上仅次于南极洲的第二个“寒极”。

格陵兰岛

巨大的冰盖

格陵兰岛还有仅次于南极洲的世界第二大冰盖，面积达180多万平方千米，占整个岛屿面积的82%，有些地方冰的厚度甚至达10 000米。这些冰雪一旦全部融化，全球的海平面将上升6.5米。

北极熊

不畏严寒的动物

尽管许多鸟类来格陵兰岛只是为了繁殖，冬季来临时又会飞向南方，但雷鸟和小雪巫鸟却定居在这里。格陵兰岛也是世界最大的食肉动物——北极熊的家园，这里还生活着狼、麝牛、北极狐、北极兔、驯鹿和旅鼠等。在沿岸水域也常常出现鲸和海豹的身影。

极昼和极夜

处于北极圈内的格陵兰岛会出现极地特有的极昼和极夜现象。越接近高纬度，一年中的极昼和极夜就越长。每到冬季，便有持续数个月的极夜，格陵兰上空偶尔会出现色彩绚丽的北极光。而在夏季，则终日头顶艳阳，格陵兰成为日不落岛。

冰天雪地的格陵兰岛

最大的平原

亚马孙河是世界上流量最大、流域面积最广的河流，它流经的亚马孙平原是世界上面积最大的平原，平原西宽东窄，地势低平坦荡。大部分在海拔150米左右，还有相当一部分海拔更低的低地，因而有“亚马孙低地”之称。

知识小笔记

亚马孙雨林被誉为“地球之肺”，它每年吞噬全球排放的大量的二氧化碳，制造了维持人类生存氧气的1/3。

地理位置

亚马孙平原位于巴西高原和圭亚那高原之间，西抵安第斯山麓，东滨大西洋，跨越巴西、秘鲁、哥伦比亚和玻利维亚4国领土，面积达560万平方千米，其中巴西境内220多万平方千米，约占该国领土的1/3。

亚马孙河流经的亚马孙平原

平原的形成

在很久以前，这里还是一大片被海水浸没的凹地。发源于安第斯山的亚马孙河水系的河流从圭亚那高原、巴西高原带来大量泥沙等物质沉积在这里，日积月累，凹地被填平了，形成了广阔的大平原。

亚马孙河

亚马孙河是仅次于尼罗河的世界第二长河，它共有 15 000 条支流，分布在南美洲大片土地上，流域面积几乎大如澳洲，居世界第一位。亚马孙河水量充沛、水力澎湃，流量比密西西比河大 10 倍，比尼罗河大 60 倍，占全球入海河水总流量的 1/5。

亚马孙河水草丰美

生物科学家的天堂

亚马孙平原是世界上最大的热带雨林区，占地球上热带雨林总面积的 50%，其面积比欧洲还要大。这里自然资源丰富、物种繁多，生态环境纷繁复杂，生物多样性保存完好，被称为“生物科学家的天堂”。

亚马孙河

面临威胁

现在，郁郁葱葱、广袤无垠的亚马孙雨林正在迅速减少，主要原因是由于人类的烧荒耕作、过度采伐、过度放牧和森林火灾等，其中烧荒耕作是首要原因，占整个热带森林减少面积的 45%。

亚马孙雨林

最高的高原

广阔的青藏高原被人们誉为“世界屋脊”，因为它的海拔高度平均在4000米以上，是地球上海拔最高的高原，也是我国最大的高原。它地势高耸、幅员辽阔、湖泊众多，长江、黄河、澜沧江、怒江和雅鲁藏布江都发源于此。

地理位置

青藏高原在我国西南部接近南亚的地方，它南面和西面是连绵不断的世界最高山脉喜马拉雅山脉，东面是横断山脉，北面靠着昆仑山脉，全境面积大约有250万平方千米，占全中国陆地面积的23%。

知识小笔记

青藏高原南部的喜马拉雅山脉是世界上海拔最高的山脉，其中的珠穆朗玛峰是世界上最高的山峰。

形成原因

早在4亿多年前，这里就有板块隆起的岩石记录，今天我们看到的青藏高原是在大约8 000万～2.4亿年前开始的喜马拉雅运动中抬升为陆地，并不断增高，最终从洋底变成高原，直到今天，青藏高原依然处于不断的变化之中。

青藏高原

年轻的高原

青藏高原并不是一直在增长，而是有过几次起伏，在最近的一万年时间以来，青藏高原一直在猛烈增长，最终使它成为世界上最高的高原。从这一点来说，青藏高原还是一个年轻的高原。

气候特征

由于青藏高原海拔高，空气稀薄，空气透明度非常好，因此太阳辐射也比其他地方强，位于青藏高原上的拉萨因此而获得了“日光城”的别称。

“日光城”拉萨

地热

青藏高原也有丰富的地热资源，这些埋藏在地下的水被地热加热到数十摄氏度，当它们从大地底下冒出来的时候，可以作为温泉，或者供暖，一些地方水的温度很高，甚至可以作为发电用的蒸汽。

最大的三角洲

世界最大的三角洲是恒河三角洲，它位于南亚次大陆，面积约为7万平方千米，大部分在孟加拉国南部，小部分在印度的西孟加拉邦。从高空俯瞰，恒河三角洲的形状就好像是一把张开的弓。

地理概况

恒河三角洲宽 320 千米，从起始的源头到入海口有 500 千米，分属孟加拉国和印度。恒河三角洲共供养着超过 3 亿的人口，是地球上人口最密集的地区之一。

恒河

恒河是印度的第一大河，它发源于喜马拉雅山南麓的冰川，全长 2 700 千米，下游分流纵横，主要水道就有 8 条，在入孟加拉湾处又与布拉马普特拉河汇合一起，形成了广阔的恒河三角洲。

恒河

知识小笔记

世界著名的三角洲还有尼罗河三角洲、长江三角洲、密西西比河三角洲、多瑙河三角洲和湄公河三角洲等。

发达的农业

恒河三角洲地区，土壤肥沃，农业发达，是南亚次大陆水稻、小麦、玉米、黄麻、甘蔗等作物的重要种植区。大约 2/3 的孟加拉人从事农业。渔业也是三角洲地区一个重要的活动，鱼类是该地区许多人主要的食物来源。

鸬鹚

各种各样的动物

恒河三角洲生活着许多种动物，有苍鹭、鸬鹚、海鸥、燕鸥等几十种鸟类。水生及爬行生物包括橄榄海龟、龟鳖、蟒蛇、眼镜蛇以及各种蜥蜴。濒危动物有孟加拉虎、印度蟒、云豹、亚洲象和鳄鱼。

面临的威胁

由于全球气候变暖和恒河三角洲地区地面沉降给这里的居民的生存带来巨大威胁。海平面上升 50 厘米就能造成孟加拉国 600 万人失去他们的家园。

恒河是印度人心中的“圣河”。

最大的“冰库”

南极大陆位于地球南端，总面积约 1400 万平方千米，在世界七大洲中居第 5 位。这里是世界上气候最寒冷、最干旱，风力最大的大陆。整个大陆几乎全部被冰雪所覆盖，其冰盖面积比整个欧洲的面积还要大，因而这里成为世界上最大的冰库。

巨大的冰盖

南极大陆冰层的平均厚度有 1 880 米，最厚达 4 000 米以上。大陆周围的海洋上有许多高大的冰障和冰山。它的冰盖体积有 2 400 万立方千米之多，占世界淡水资源量的 70%。

知识小笔记

南极洲没有土著居民，也没有发现任何古人类活动的痕迹。直到现在，南极洲仅有一些来自其他大陆的科学考察人员和捕鲸队，无定居居民。

气候特点

南极洲的气候特点是酷寒、干燥和风大，年平均温度为 −25℃，极端最低温度为 −89.2℃。降水也很少，每年只有 50 ~ 200 毫米，而且全都以降雪形式出现。整个大陆的年平均风速为每秒 17.9 米，甚至出现每秒几十米到百米的暴风。

高海拔和相对稀薄的空气使得热量不容易保存，所以南极异常寒冷。

罗斯冰架

在南极洲爱德华七世半岛与罗斯岛之间的罗斯冰架是世界上最大的冰架，它宽约 800 千米，向内陆方向深入约 970 千米，面积约 52 万平方千米，几乎与法国同样大小。罗斯冰架是覆盖在南极大陆的巨大冰盖伸向罗斯海所形成的，现在它还在不断地移动。

巨大的罗斯冰架

漂浮的冰山

在南极周围的海洋中，漂浮着数以万计的冰山，它们都是从南极冰盖分离出来的，随着洋流的方向不断地移动。冰山虽然美丽壮观，给大洋增色不少，但是对于航行在海上的船只来说，冰山始终是可怕的威胁。

南极漂浮的冰山

水最贵的地方

科威特是世界闻名的石油王国，但也是世界上水最贵的国家，全国既没有河流，也没有湖泊，沙漠覆盖了大部分国土。人们不论在什么地方掘井，流出来的不是希望的淡水，而可能是黑乎乎的石油。所以，这里的居民饮水主要来自淡化海水和进口。

地理位置

科威特位于亚洲西部阿拉伯半岛东北部，波斯湾西北岸，西、北与伊拉克为邻，南部与沙特阿拉伯交界，东濒波斯湾。虽然这里盛产石油，但是极为缺水。

知识小笔记

我国年降水量最少的地方是吐鲁盆地中的托克逊，年平均降水量仅5.9毫米，年降水天数不足10天，有些年份滴水不见。

气候特征

科威特属于亚热带气候，夏季和冬季差距明显。这里的夏季异常炎热，4 ~ 9月的平均气温为44℃，有时高达54℃，几乎没有降雨。这里的年降水量为25 ~ 180毫米，几乎都是集中在冬季，这些仅有的降水成为了当地人民赖以生存的基础。冬季这里的平均气温为16℃。

科威特夜景

珍贵的淡水

位于沿海地区的科威特人民更多的是依靠打井取得生活用水，几乎每打出一口淡水井都会引起一番轰动，甚至有些人家会用水井的名字为自己的孩子命名。现在，为了解决人口增多和淡水稀缺的严重矛盾，科威特开始采用海水淡化的办法来解决供水问题。

海水淡化

海水淡化的成本很高，每生产 1 吨淡水，就要耗费 3 度电，成本 30 美分，加上分配和销售费用就更高了，因此这里也就成为了世界上水价最高的地区之一。相比来说，石油的生产成本非常低，因此这里也就真的成为了“水比油贵”的国家。

科威特

科威特储水塔

储水塔

进入 20 世纪 70 年代中期，科威特全国的海水淡化能力已经达到每天 28 万吨的转化能力，能够完全适应全国人民的供水要求。在科威特首都科威特城的海岸上，高耸着 3 座结构奇特的尖塔，这些尖塔中分别储存着 3 000 吨左右的淡水。

动物之最

千奇百怪的动物几乎遍及世界的每个角落，从广阔的陆地到深邃的海洋，包括熙熙攘攘的人类家园中，各种动物都以自己特有的方式生活着。动物主要分为脊椎动物和无脊椎动物两大类。所有的动物共同组成了形形色色的动物世界。

最大的史前动物

距今 2.5 亿年前的地球上出现了一群庞大的生物——恐龙，随着时间的推移，一些恐龙的身躯越来越大，最终成为地球上最大的史前动物。在庞大的恐龙家族中，蜥脚类恐龙是身形最大的一种。

梁龙

梁龙长得又高又长，简直就像一幢楼房。它的脖子由 15 块脊椎骨组成，胸部和背部有 10 块，而细长的尾巴内竟有大约 70 块脊椎骨！而且它的骨头非常特殊，不但骨头里边是空心的，而且还很轻。因此，它们的体重并没有想象的那么重。

蜥脚类恐龙

蜥脚类恐龙主要生活在白垩纪时期(1.44 万 ~ 6 600 万年前)，这一“巨人”家族中有我们熟悉的雷龙、梁龙、震龙以及在我国发现的马门溪龙。

雷龙

梁龙

马门溪龙

马门溪龙是脖子最长的恐龙，如果它将脖子伸向空中，足有3层楼那么高。世界上许多地区都发现过巨大的蜥脚类恐龙化石。它们虽然有不少体型大小上的差异，但是都有一个共同点，就是脑子都很小。

马门溪龙

震龙

到目前为止，我们所发现的身材最大的恐龙是震龙，它的身长有39～52米，身高可以达到18米，体重达到130吨。如果在原野上行走，每走一步都会使大地发生颤抖，就像地震一样，“震龙”的名称也由此而来。

知识小笔记

现今所知的恐龙类型中，最小要算是细颚龙类，有些只有今天的鸡一样大小。

和人类亲缘关系最近的动物

猩猩、大猩猩、黑猩猩和长臂猿统称类人猿。其中黑猩猩比大猩猩体形小很多，但它比大猩猩更加聪明，其智商相当于人类2～3岁的儿童，而且和人类的基因相似程度达到98%，所以说，黑猩猩是和人类亲缘关系最近的动物。

外貌特征

黑猩猩浑身黑色，最明显的特征是大耳朵向两边突出，眉骨很高，双眼深陷，面部以黑色居多，也有白色、肉色和灰褐色的，嘴巴宽阔。一般一只黑猩猩身高只有1.2～1.4米，体重在46～75千克之间。

知识小笔记

科学家经过研究发现，世界上比较聪明的动物有海豚、黑猩猩、大象、头足类动物、乌鸦、松鼠、狗、猫、猪等。

分布范围

黑猩猩分布于非洲中部的几内亚、乌干达，向南到坦桑尼的热带雨林中，喜欢集群生活，每群20～30只，有的达80只，由1只成年雄性率领。它们常常白天活动，尤其是清晨和傍晚为活动高峰期。

黑猩猩母子

生活习性

野生黑猩猩是杂食性动物，它们的食物既包括各种植物的种子、叶子、果实、表皮，还有蜂蜜和各种昆虫。有时它们为了生存，还要去捕猎其他的小型哺乳动物。它们还会用树枝去掏弄蚁穴，之后再去舔食已经爬满树枝的白蚁。

丰富的表情

黑猩猩能做出喜、怒、哀、乐等表情，当同伴在一起相遇时，就发出大声喊叫，表示问候，有的还互相欠身、拉手、搂抱、亲吻或用手抚摸对方的脸和脖子等。它们兴奋时会站立、跺脚或摇摆。生气时会瞪眼，害怕时会露出一副凶相：张大嘴巴、龇牙咧嘴、扬起眉毛等。

正在照镜子的黑猩猩

最聪明的动物

黑猩猩是与人类最相似的高等动物，它们能发出 32 种不同意义的叫声，能使用简单的工具。2009 年 2 月，英国研究发现，黑猩猩婴儿的智力在出生至 9 个月大时都胜于人类。人类婴儿在 9 个月大之后才会反超黑猩猩。

黑猩猩

最原始的哺乳动物

根据已经发现的相关化石显示，鸭嘴兽是目前为止最为古老的一种哺乳动物。它体表有毛，用乳汁哺育后代，具有哺乳动物的特征；鸭嘴兽的繁殖方式是卵生，又像爬行动物。因此，它可以作为哺乳动物是从爬行动物进化而来的证据之一，被称为动物界的活化石。

外貌特征

雄鸭嘴兽有 50 多厘米长，它们的腿短而强壮，各有五个趾，趾端为钩爪，趾间的蹼便于游泳。它的嘴巴扁平，形状像鸭嘴，嘴内有宽的角质牙龈，但没有牙齿，尾巴大而扁平，占体长的 1/4，在水里游泳时起着舵的作用。

知识小笔记

澳大利亚是当前世界上唯一的单孔类动物的故乡，除了鸭嘴兽外，还有一种叫针鼹，它们和笑翠鸟一起成为 2000 年悉尼奥运会的吉祥物。

食性

鸭嘴兽习惯于白天睡觉，晚上出来觅食。青蛙、蚯蚓、昆虫等都是它的食物。它的消化机能特强，一只鸭嘴兽体重不到 1 千克，但一天能吃下与自己体重相当的食物。

鸭嘴兽

打洞高手

鸭嘴兽产卵时总是在河边打洞，洞有两个出口，一个通往水中，一个通往陆上的草丛。它们用爪挖洞的本领很高，即使在坚硬的河岸，十几分钟也能挖1米深的洞。

归类

鸭嘴兽是卵生，没有乳房，小鸭嘴兽靠舔舐母亲腹部渗出的乳汁慢慢长大，为此，生物学家们伤透脑筋，不知道该将它列入哪一类动物。经过多年的争论不休，最后，只好以毛和奶作为决定分类的依据，将鸭嘴兽列入哺乳类动物。

和袋鼠一样，鸭嘴兽也是澳大利亚的象征。

单孔类哺乳动物

与爬行动物相比，鸭嘴兽显然是比较高等的动物，因为它虽属卵生，却是哺乳的。但在哺乳动物中，它却是最低等的。它生蛋和排泄粪尿都用同一个器官，所以又称单孔类。

鸭嘴兽一天大部分时间都在水里，皮毛有油脂，能保持体温，使它在较冷的水中也不会觉得寒冷。在水中游泳时它是闭着眼的，靠电信号及其触觉找在河床底的食物。

跑得最快的动物

猎豹属于猫科动物，但是和其他猫科动物不同的是，猎豹依靠自己闪电般的速度来捕获猎物，而不是偷袭或者群体攻击。因此，猎豹成为了陆地上跑得最快的动物，这也正是它在残酷的非洲大草原上生存下来的法则。

短跑冠军

一只全速奔跑的猎豹，时速可以达到 120 千米，是目前陆地上奔跑速度最快的动物，但是猎豹只擅长短跑，在长距离奔跑时，速度就慢多了，每小时的平均速度约为 60 千米，相当于非洲鸵鸟的速度。

独特的体型

猎豹体型纤瘦，四肢细长，虽然它的肌肉强劲有力，但是却不善于打斗，只是依靠速度而生存。为了获得更快的速度，猎豹的进化也付出了一定代价。它比其他肉食猛兽的爪子小、牙齿也更短，没有壮硕的身躯，因此无法和体型较大的猎物搏斗。

奔跑的猎豹

猎豹

神奇的“鞋钉”

猎豹的爪子在幼年时是可以完全收缩的，但成年后就不能收回来了，会变得和狗爪一样钝。但它却带来了另外的好处，那就是猎豹在高速奔跑时，爪子能紧紧抓住地面，就像短跑运动员的钉鞋。

捕食

瞪羚、黑斑羚、幼牛羚以及野兔都是猎豹的捕食对象。通常猎豹在 1 分钟内即可捕到猎物，如果猎捕失败，那将浪费许多体力。有时候就是猎豹抓住了猎物，也是气喘吁吁，身体虚弱，不能马上进食，这时，狮子常常会乘虚而入抢走猎物。

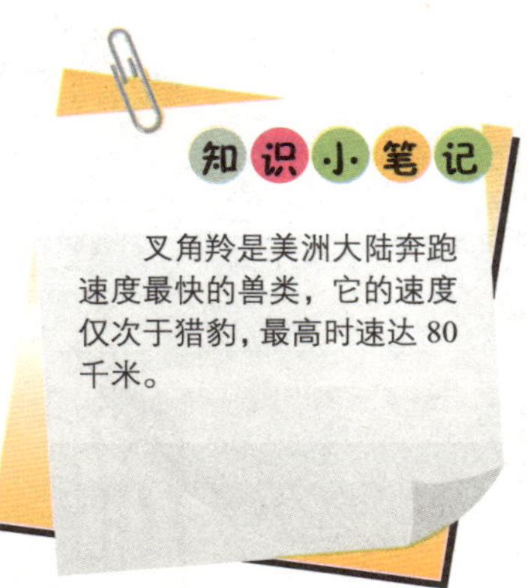

知识小笔记

叉角羚是美洲大陆奔跑速度最快的兽类，它的速度仅次于猎豹，最高时速达 80 千米。

小猎豹要长到 1 岁至 1 岁半时，才能开始独立生活。

最高的动物

长颈鹿是陆地上最高的动物，站立的时候，如同一座高塔，成年长颈鹿的身高可达 4 ~ 6 米。长颈鹿皮肤上的花斑网纹是一种天然的保护色，优雅的长颈、大而突出的眼睛使它们很利于远眺，以便及时发现危险。

美丽的外貌

长颈鹿的头颈约 2 米多长，头部是个坚硬的角状头盖骨，鹿头上有一对永远不会脱落的角，耳后和眼后也有两对不很明显的角。它们身披浅黄底色、镶有红褐色斑纹的外衣，外貌奇特而清秀。

知识小笔记

长颈鹿的胃像牛的胃一样，分成四个室，每次饱食以后，它总是嘴巴不停地咀嚼那些反刍的食物。

生理特点

由于长颈鹿生活在炎热的热带草原上，所以其表面积大的身体有利于热量的散发，它的长颈和长腿，还是很好的降温"冷却塔"。它的肺容量也很大，有利于呼吸新鲜空气，排出废气。长颈鹿每天要吞吃 50 多千克的草和树叶。

行走的长颈鹿

站着睡觉

长颈鹿的长脖子、长腿躺下和站起来都很不容易，所以常常站着睡觉。当长颈鹿觉得周围很安全时，也会躺下来睡觉。但是，如果遇到突然袭击，它很难再站起来逃跑，往往就这样葬送了自己的性命。

长颈鹿

站着休息的长颈鹿。

超高的血压

因为长颈鹿的个子太高了，为了将血液送到高高在上的大脑中，它们必须提高体内的血压，所以长颈鹿的血压要比人类的正常血压高 2 倍。如果把这样的血压放在别的动物身上，那么这种动物肯定会因脑溢血而死去。

御敌

非洲狮是长颈鹿最凶恶的敌人。一般情况下，长颈鹿一发现狮子，总是“走为上计”，它腿长，跑得快，每小时大约可以奔跑 60 千米，往往把狮子远远地抛在后面。可是，当它实在跑不掉时，就会用脚猛踢，或用头颈来猛击狮子！

长颈鹿长得奇特而清秀。

最大的有袋动物

在地球上曾经生活着很多种有袋类动物，但是很多都灭绝了，例如袋狼。现存最大的有袋动物是生活在澳大利亚的袋鼠。作为澳大利亚的象征之一，袋鼠一直是当地人的骄傲，在澳大利亚的国徽上就有袋鼠的标志。

跳得高、跳得远

袋鼠拥有强壮有力的后肢，靠跳跃前进，一步可以跳很远。两三米高的障碍物都可以跃过，甚至可以一步跳过七八米宽的河流。袋鼠不仅跳得高、跳得远，而且跳跃前进的速度也很快，最大时速可以达到 74 千米。

红袋鼠是所有袋鼠中体形最大的，它站立起来超过 2 米，比一般的人还高，体重将近 90 千克。

第五条“腿”

袋鼠的尾巴又粗又长，长满肌肉。它在袋鼠跳跃过程中起平衡作用，帮助袋鼠跳得更快更远。当袋鼠缓慢走动时，尾巴则可作为第五条腿，起到支撑身体的作用。

袋鼠

育儿袋里的小宝宝

著名的育儿袋

袋鼠以胸前的大口袋而著名，也就是育儿袋，只有负责生育的雌袋鼠才有育儿袋，小袋鼠在里面吃奶、睡觉和玩耍，直到它们长大能够独立生活为止。当遇到危险时，小袋鼠还会马上钻入袋中躲起来。

跳跃的袋鼠

独特的御敌方法

在野外，袋鼠碰到强大的对手时，会以最快的速度逃离。当敌人穷追不舍时，它会突然转身，跃过敌人，朝反方向逃跑，令追击者目瞪口呆。有时候它们则背靠大树，尾巴撑地，用有力的后腿狠狠地踢敌害的腹部。

吃嫩枝叶的袋鼠

习性

袋鼠主要以灌木嫩枝叶、青草和柔软植物为食，属夜间生活的动物，通常在太阳下山后几个小时才出来寻找食物，而在太阳出来后不久就回到巢穴中。

最会造房子的动物

在动物王国中有许多能工巧匠，它们是天生的建筑家，白蚁就是其中最著名的。白蚁在地球上已经生活了2.5亿年，全世界已知的白蚁有2 000多种，分布范围很广。早在人类出现以前，白蚁的"房屋"就已经具有"现代化"的水平了。

白蚁

白蚁分布于热带和亚热带地区，以木材或纤维素为食，是群居性而又有严格分工的昆虫，群体组织一旦遭到破坏，就很难继续生存。白蚁的身体比较软，只适宜在黑暗与潮湿常温下生活，一旦暴露在阳光下或温度过高、过热，很快就会干瘪死亡。

←白蚁的身体为白色、淡黄色、赤褐色或黑褐色，不同的种类体色不一样。

各式各样的蚁穴

从外观上看，有的白蚁把椭圆形的蚁巢安在树上，有的在地面上堆起一个"土馒头"，有的干脆在地下修建"蚁堡"。不过，最著名的还是在非洲的大白蚁塔。

→在自然界中，白蚁是腐木与朽材的分解者，它们是少数能分解纤维素的动物之一。

知识小笔记

除了白蚁外，动物中还有许多能工巧匠，比如织布鸟、海狸、鼹鼠等。

白蚁塔

非洲的白蚁常用嘴巴将唾液、土壤和粪便混合之后拿来盖房子，整个蚁穴呈圆锥形塔状，远远望去，既似高塔，又像碉堡，所以人们叫它白蚁塔，即使最矮的白蚁塔高度也在 2 米以上。假如白蚁的体型和人类一样大，白蚁塔的高度就相当于人类建造的 2 000 层的摩天大楼。

→热带地区的白蚁塔硬如尖石，大雨也不会令其溶化崩溃。

一流的建筑师

为了保持蚁冢的高湿度，它们挖掘隧道，取地下水来润湿巢穴；为了维持蚁冢的常温，它们架起高耸的通风管，利用空气对流来克服这个难题，它们的确是一流的建筑师。

内部结构

“蚁城”里不但有蚁王、蚁后居住的“皇宫”，普通“百姓”起居的蚁巢，还有四通八达，纵横交错的公路网。“皇宫”中的温度和湿度一年四季变化不大，那里既安全又舒适。

最大的虎

东北虎是体形最大的老虎，主要分布于西伯利亚和我国的东北地区。东北虎的毛色鲜明美丽，背部和体侧具有多条横列黑色窄条纹，通常2条靠近呈柳叶状，头大而圆，前额上的数条黑色横纹，中间常被串通，极似“王”字，故有“丛林之王”的美称。

外形特征

东北虎中的雄性体长可达2.8米左右，尾长约1米，体重接近350千克，有记录的最大野生东北虎体重达到470千克，为原苏联所捕获。

东北虎的毛色鲜明美丽

知识小笔记

现在，东北虎已经被列入国家一级保护动物。我国黑龙江哈尔滨的东北虎林园是世界最大的东北虎人工饲养繁育基地。

捕获猎物

东北虎捕捉猎物时常常采取打埋伏的办法，悄悄地潜伏在灌木丛中，一旦目标接近，便“嗖”地窜出，扑倒猎物，或用尖爪抓住对方的颈部和吻部，用力把它的头扭断；或用利齿咬断对方喉咙；或猛力一掌击断对方的颈椎骨，然后再慢慢地享用。

东北虎有着锋利的牙齿

习性

东北虎常栖居于海拔为600～1 300米的森林、灌木和野草丛生的地带。它白天常在树林里睡大觉，傍晚或黎明前外出觅食，主要靠捕食野猪、黑鹿和狍子为生。东北虎一年大部分时间都是四处游荡，独来独往，没有固定住所。

东北虎的虎爪和犬齿利如钢刀，长度分别为6厘米和10厘米，是撕碎猎物时不可缺少的“餐刀”，这也是它赖以生存的有力武器，它还有条钢管般的尾巴。

最大和最小的鸟

鸵鸟是地球上体形最大的鸟类，它广泛地分布在撒哈拉沙漠以南的整个非洲。19世纪时，澳洲也引进了一部分鸵鸟，现在，澳洲东南部已经形成了新的栖息地。蜂鸟是目前已知鸟类中体形最小的鸟，它仅分布于美洲。

鸟类中的大个子

雄鸵鸟的身高约2.75米，重达155千克，脖子的长度几乎达到身高的一半，雌鸵鸟身高稍微矮一些。鸵鸟蛋是世界上最大的鸟蛋，一枚重0.5～1千克。

知识小笔记

在鸟类家族中，巨嘴鸟的嘴占到身体长度的1/3，是嘴巴最大的鸟，它们主要生活在拉丁美洲阿根廷到墨西哥之间的热带丛林中。

御敌

鸵鸟的大眼睛可以看到5千米以内的物体，它们常常结成群与其他食草动物相伴生活。遇到敌人时它会迅速奔跑逃掉，如果躲避不了时，会用它那强有力的腿和脚踢对方。

鸵鸟平时三五成群，多达二十余只栖息在一起。

飞毛腿

鸵鸟不会飞，但善于奔跑，其速度可以达到每小时 70 千米，可维持约 30 分钟而不感到累；奔跑时，一步可达 7 米，而且可以瞬间改变方向。在迅速奔跑时，鸵鸟会张开两个翅膀，用来保持平衡。

鸵鸟

蜂鸟

蜂鸟

蜂鸟中的吸蜜蜂鸟体重仅 1.8 克，是世界上最小的鸟。即使体形最大的蜂鸟——巨蜂鸟，其体重也只有 20 克。蜂鸟飞行时，由于翅膀拍打速度很快，会发出类似蜜蜂飞舞的嗡嗡声，因此才得名蜂鸟。

蜂鸟的习性

蜂鸟的飞行本领高超，它可以利用高速拍打翅膀悬停在半空中，而且还可以前后左右自由飞行，是鸟类中唯一一种会向后飞的鸟。蜂鸟在夜里或不容易获取食物的季节，就进入“冬眠”，以此来减慢新陈代谢的速度。

蜂鸟每天消耗的食品远超过它们自身的体重，为了获取巨量的食物，它们每天必须采食数百朵花。

最凶猛的鸟

秃鹫是世界上最凶猛的鸟，它们的栖息范围比较广，在海拔2 000～5 000多米的高山、草原上都有它们活动的身影，其中生活在南美洲安第斯山脉的悬崖绝壁之间的康多兀鹫是世界上体形最大的飞鸟。

最大的猛禽

秃鹫是草原上体形最大的猛禽，它两只翅膀展开后可以达到3米，体重可达11千克。它那带钩的嘴十分厉害，可以轻而易举地啄破和撕开坚韧的牛皮，拖出沉重的内脏；裸露的头能非常方便地伸进尸体的腹腔。

秃鹫

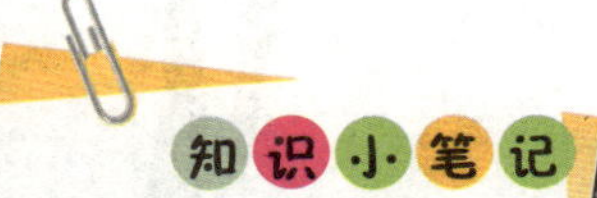

知识小笔记

康多兀鹫有“百鸟之王”的称誉，它威风凛凛，气宇轩昂，所以被智利尊为国鸟，作为国徽和军徽的主要标志。

繁殖习性

雄秃鹫每天辛辛苦苦地四处觅食，一回到家里，马上张开大嘴，把吞下去的食物统统吐出，先给雌鸟吃较大的肉块，然后再耐心地给幼鸟喂碎肉浆。

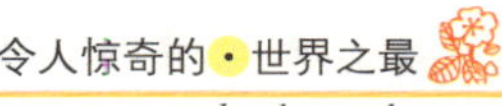

草原上的清洁工

秃鹫喜欢单独活动，有时也结成 3 ～ 5 只的小群，最大群可达 10 多只，飞翔时，两翅伸成一直线，翅很少鼓动，而是可以利用气流长时间翱翔于空中，当它发现地面上的尸体时，就会飞到附近取食。秃鹫的食物主要是大型动物和其他腐烂动物的尸体，被称为“草原上的清洁工”。

争食的秃鹫

康多兀鹫

奇妙的变色

秃鹫在争食时，身体的颜色会发生一些有趣的变化。平时它的面部是暗褐色的、脖子是铅蓝色的。当它正在啄食动物尸体的时候，面部和脖子就会出现鲜艳的红色。这是在警告其他秃鹫：赶快跑开，千万不要靠拢。

康多兀鹫

康多兀鹫也叫安第斯兀鹫、安第斯神鹰，是秃鹫中体型最大的。据记载，最大的一只康多兀鹫，两翅展开达 5 米宽，它不仅是世界上最大的飞鸟，还是世界上飞得最高的鹰类，其飞行高度为海拔 5 000 ～ 6 000 米，最高时在 8 500 米。

最耐寒的鸟

南极是地球上最寒冷的地区，生活在这里的企鹅则是鸟类家族中最耐寒的。动物学家考证企鹅的“家史”，证明企鹅原来是最古老的一种游禽。它很可能在南极洲未穿上冰甲之前，就已经来这儿定居了。

身体结构

企鹅全身覆盖着密实的羽毛，羽毛密度比同一体形的鸟类大 3 ~ 4 倍，羽毛的作用是调节体温。企鹅皮下脂肪厚达 2 ~ 3 厘米，这种特殊的保温设备，使它在-60℃的冰天雪地中，仍然能够自在生活。

知识小笔记

在鸟类家族中，雨燕的飞行速度是最快的，它那镰刀状的翅膀非常适合快速飞行，据说一般每小时飞行 110 千米。

分布

现在，世界上总共 18 种企鹅，它们全分布在南半球，其中在南极大陆海岸繁殖的有 2 种。在南大洋中的岛屿，南美洲和新西兰分布的都比较多。

企鹅常以极大数目的族群出现，南极的企鹅占南极地区海鸟数量的 85%。

帝企鹅

帝企鹅是企鹅家族中体形最大的一种，身高大约有 1.2 米，相当于一个八九岁儿童的身高。帝企鹅很有“绅士风度”，它们常常轮流做企鹅群的领袖，以防止贼鸥偷袭幼企鹅及企鹅蛋。

→小帝企鹅

↑冰天雪地中的企鹅

忠贞的夫妻

在南极大陆生活的阿德莱企鹅的数量多达 100 多万对，它们一旦结为夫妻，彼此便恪守海誓山盟的诺言，相敬如宾，忠贞不二。

繁殖最快的昆虫

不起眼的蚜虫是世界上繁殖最快的昆虫。雌性蚜虫一生下来就能够生育，而且蚜虫不需要雄性就可以怀孕，如果人类以蚜虫的速度繁殖后代，则一个妇女一天生下的婴儿可以坐满一个网球场。

蚜虫

极强的繁殖能力

蚜虫的繁殖力很强，1 年能繁殖 10 ~ 30 个世代，世代重叠现象突出。当 5 天的平均气温稳定上升到 12℃以上时，便开始繁殖。在气温较低的早春和晚秋，完成 1 个世代需 10 天，在夏季温暖条件下，只需 4 ~ 5 天。

普通的蝉只有 3 ~ 9 年的寿命，而美国有一种蝉，可以存活 17 年之久，是昆虫中的老寿星。

分布

蚜虫主要分布在北半球温带地区和亚热带地区，热带地区分布很少。目前世界已知约 4 700 余种，中国分布约 1 100 种。

植物的大害虫

蚜虫体小而软，大小如针头，腹部有腹管，用来吸食植物汁液，为植物的大害虫。不仅阻碍植物生长，形成虫瘿，传布病毒，而且造成花、叶、芽畸形。

树叶上的蚜虫

蚜虫的防治

蚜虫是粮、棉、油、麻、茶、糖、菜、烟、果、药和树木等经济植物的重要害虫，所以人们利用各种手段来消灭蚜虫。如喷洒药水，将蚜虫栖居或虫卵潜伏过的残花、病枯枝叶，彻底清除，集中烧毁等。

蚜虫与蚂蚁

共生趣闻

蚜虫与蚂蚁有着和谐的共生关系。蚜虫带吸嘴的小口针能刺穿植物的表皮层，吸取养分。每隔一两分钟，这些蚜虫会翘起腹部，开始分泌含有糖分的蜜露。工蚁赶来，用大颚把蜜露刮下，吞到嘴里。一只工蚁来回穿梭，靠近蚜虫，舔食蜜露，就像奶牛场的挤奶作业。蚂蚁为蚜虫提供保护，赶走天敌；蚜虫也给蚂蚁提供蜜露，这是一个和则两利的交易。

身体最长的昆虫

世界最长的昆虫是著名的伪装大师竹节虫。全世界约有2 000多种竹节虫，其中热带生存的种类个体大，数量多。我国仅有20余种，主要分布在湖北、云南、贵州等省。亚洲及印度群岛地区生活的竹节虫体长可超过30厘米。

习性

竹节虫刚孵出的幼虫和成虫很相似。它们常在夜间爬到树上，经过几次蜕皮后，逐渐长大为成虫。成虫的寿命很短，只有3～6个月。竹节虫是一种对植物危害较大的害虫。

知识小笔记

非洲蝉是世界上叫声最大的昆虫，它鸣叫时，声音平均可以达到106.7分贝。

孤雌生殖

竹节虫的生殖方式非常特别，一般交配后将卵单粒产在树枝上，要经过一两年幼虫才能孵化。有些雌虫不经交配也能产卵，生下无父的后代，这种生殖方式叫孤雌生殖。

竹节虫

伪装大师

竹节虫算得上著名的伪装大师，当它栖息在树枝或竹枝上时，活像一支枯枝或枯竹，很难分辨。竹节虫这种以假乱真的本领，在生物学上称为拟态。有些竹节虫受惊后落在地上，还能装死不动。

伪装大师——竹节虫

闪色法

竹节虫在夜间活动，白天时，它们只是静静地呆着。当它受到侵犯飞起时，突然闪动的彩光会迷惑敌人。但这种彩光只是一闪而过，当竹叶虫着地收起翅膀时，它就突然消失了。这被称为“闪色法”，是许多昆虫逃跑时使用的一种方法。

竹节虫行动迟缓，白天静伏在树枝上，晚上出来活动，以叶充饥。

最长的竹节虫

据英国《每日邮报》2008 年的报道，一名竹节虫爱好者曾在马来西亚的婆罗洲雨林发现了一只身体长度达到 55.88 厘米的竹节虫。这比之前另一只破记录的婆罗洲竹节虫长 2.9 厘米，因此成为世界“最长昆虫”。

力气最大的昆虫

蚂蚁是地球上最常见、数量最多的昆虫种类，也是动物界的小不点，可是，蚂蚁却具有惊人的力气，它能举起超过自身重量100倍的物体，是世界上力气最大的昆虫。同时，蚂蚁也是世界上抗击自然灾害最强的生物。

知识小笔记

沫蝉是世界上跳得最高的昆虫，它跳跃的高度可以超过自身身长的200多倍。

力量的源泉

科学家经过研究后发现，蚂蚁脚爪的肌肉中有一种十分复杂的磷的化合物，它如同一个效率非常高的"电动机"，为蚂蚁提供巨大的能量，所以，蚂蚁才具有如此巨大的力气。

古老的昆虫

蚂蚁是一种十分古老的昆虫，它的起源可追溯到1亿年前，大约与恐龙同一时代。蚂蚁不但常见而且种类繁多，目前世界上已知的蚂蚁约有9 000种，估计全部种类应有12 000 ~ 15 000种，而我国至少有600种以上。

两只蚂蚁

有组织的群体

蚂蚁在世界各个角落都能存活，其秘诀就在于它们生活在一个非常有组织的群体中。蚂蚁有不同的类型，每一类都有其专门的职责。它们一起工作，一起建筑巢穴，使它们的卵与后代能在其中安全成长。

蚂蚁卵

蚂蚁可以把比自己身体大好几倍的食物扛回家。

蚁后

在蚁群中，蚁后是最重要的成员，它的体形最大，特别是腹部大，主要职责是产卵、繁殖后代和统管这个群体大家庭。蚁后是唯一能产卵的蚂蚁，这意味着它是这一群体中所有蚂蚁的母亲。

工蚁

工蚁是蚁群中最小的个体，但数量最多，善于步行奔走，它们都是没有生殖能力的雌性，主要职责是建造和扩大巢穴、搜寻食物、照顾幼蚁和蚁后等。

蚂蚁是最团结的动物

最毒的蛙

箭毒蛙毫无疑问是拉丁美洲乃至全世界最著名的蛙类，这一方面是因为它们属于世界上毒性最大的动物之列，另一方面也是因为它们拥有非常鲜艳的警戒色，是蛙中最漂亮的成员。它们主要分布于从尼加拉瓜到巴西东南部和玻利维亚一带。

不同的种类

箭毒蛙科的成员并非全部有毒和色彩鲜艳，有毒的成员彼此之间的毒性也有差异，其中毒性大的种类一只所具有的毒素足以杀死 20 000 只老鼠。箭毒蛙多数体形很小，最小的仅 1.5 厘米，但也有少数成员可以达到 6 厘米。

极强的毒性

箭毒蛙的皮肤内有许多腺体，它分泌出的剧毒黏液，既可润滑皮肤，又能保护自己。取其毒液 1 克的 1/100 000 即可毒死 1 个人；1/5 000 000 克可以毒死 1 只老鼠。任何动物要去吃它，只要舌头粘上一点毒液，就会中毒，以致死亡。

箭毒蛙

“毒”的来源

有人曾尝试养殖箭毒蛙，但是，人们发现人工饲养的毒蛙无毒！原因是野生状况下的毒蛙以热带的蚂蚁和昆虫为食，正是这些食物使毒蛙能够产生毒素。

色彩鲜艳的箭毒蛙

独特的生存策略

大自然中有很多动物是靠隐蔽色逃避天敌的，箭毒蛙的生存对策恰恰相反。它鲜艳的颜色和花纹在森林中显得格外醒目，仿佛是在告诉敌人，它们是不宜吃的。箭毒蛙家族就是凭借警戒色和毒腺的保护而存活至今的。

森林采伐、火灾和非法宠物交易都威胁着这种箭毒蛙的生存。

知识小笔记

世界上最大的青蛙是生活在非洲西部的哥利亚蛙，它的头大如茶托，四肢粗如人的手腕，从面端到趾端有90厘米长，体重达3千克。

聪明的印第安人

虽然箭毒蛙的毒性极强，但它的毒液只能通过人的血液起作用，如果不把手指划破，毒液至多只能引起手指皮疹，而不会致人死命。聪明的印第安人在捕捉箭毒蛙时，总是用树叶把手包卷起来以避免中毒，他们通常将采到的毒液做成毒箭用于打猎。

最大的鱼

鱼类是地球上最古老的脊椎动物，它们几乎生活于地球上所有的水生环境——从淡水的湖泊、河流到咸水的大海和大洋。在海洋中，名气最大、最凶猛的鱼类是鲨鱼。在鲨鱼家族中，鲸鲨是体形最大的，它也是已知鱼类中最大的。

知识小笔记

世界上最小的鱼是胖婴鱼，这种鱼雄性平均体长仅 7 毫米，雌性平均体长大约为 8.4 毫米，一百万只才能凑足 1 千克。

古老的鱼类

鲨鱼是一种古老的鱼类，早在恐龙出现以前，它就已经生活在地球上了。目前，世界上大约有 380 种鲨鱼，它们分布在世界各地温带和热带的海洋里，除了极少数的鲨鱼，如格陵兰鲨之外，几乎没有在寒带生存的鲨鱼。

鲸鲨

鲸鲨俗名豆腐鲨、大憨鲨，通常体长约 10 米，最大的鲸鲨体长可以达到 20 米，体重 10 ~ 15 吨。尽管体形大，但鲸鲨的牙齿细小，以浮游生物、甲壳类、软体动物及小鱼为食。

体型巨大的鲸鲨

分布

鲸鲨属于全球性洄游鱼种，广泛分布于印度洋、太平洋和大西洋各热带及温带海区。鲸鲨的性情温和，不攻击人，而且游动速度缓慢，常漂浮在水面上晒太阳。

→鲸鲨

名字的由来

鲸鲨以小型海洋生物为食物，和须鲸差不多。由于食物具有某种相似性，经过漫长的生物演化，它们长得和须鲸很相似。于是“鲸鲨”的名字就理所当然了。

↑鲨鱼是海洋中有名的“杀手”，作为海洋食物链中最重要的组成部分，鲨鱼在维持海洋生态平衡方面发挥了重要作用。

不断更新的牙齿

鲨鱼的口中有成排的利齿，只要前排的牙齿因进食脱落，后方的牙齿便会补上。新的牙齿比旧的牙齿更大更耐用，而且这些牙齿呈锯齿状，不但能紧紧咬住猎物，而且能将猎物咬碎。

游得最快的鱼

旗鱼可算是动物中的游泳冠军了，它平时的时速为 90 千米，短距离的时速可以达到 110 千米，是轮船速度的好几倍。长剑般的嘴巴，流线型身躯，发达的肌肉，不断摆动的尾鳍等特殊的身体结构使旗鱼创造了鱼类游泳速度最快的记录。

外形

旗鱼的前颌骨和鼻骨向前延伸，构成尖长的嘴巴，形状就像一把长剑。旗鱼的第一背鳍长得又长又高，竖展时，仿佛是船上扬起的一张风帆，又像是扯着的一面旗帜。因此，人们叫它旗鱼。

知识小笔记

飞鱼是世界上飞得最远的鱼，其飞跃的高度可以达到 11 米，距离 1 000 多米，足以跳到水面船只的甲板上。

游得快的原因

旗鱼的身体体形是“流线型”的，头部锐利的尖吻极易将水劈开，水流经过头部后，就能沿着鱼的体表顺利流过，阻力很小。再加上它们的体表有光滑的鳞片，分泌出一种黏液，就像润滑油一样，使鱼体的阻力减少到最低的很度。

旗鱼

旗鱼就像离弦的箭一样，正在飞速地前进。

种类

旗鱼种类较多，主要有真旗鱼、目旗鱼、黑皮旗鱼、芭蕉旗鱼等，它们的习性都差不多。一般旗鱼的体长为 2 ~ 3 米，体重为 60 千克以上，有的旗鱼体长可以达到 5 米多，体重达到 600 千克以上。

习性

旗鱼为肉食性鱼类，常以小鱼和乌贼等软体动物为食。它们的性情比较凶猛，攻击力特强。据有关资料记载，第二次世界大战后期，一艘满载石油的英国轮船在大西洋上航行时就曾遭到旗鱼的攻击。当时，一只旗鱼用其尖长、异常坚硬的嘴巴竟然刺穿了油轮的钢板。

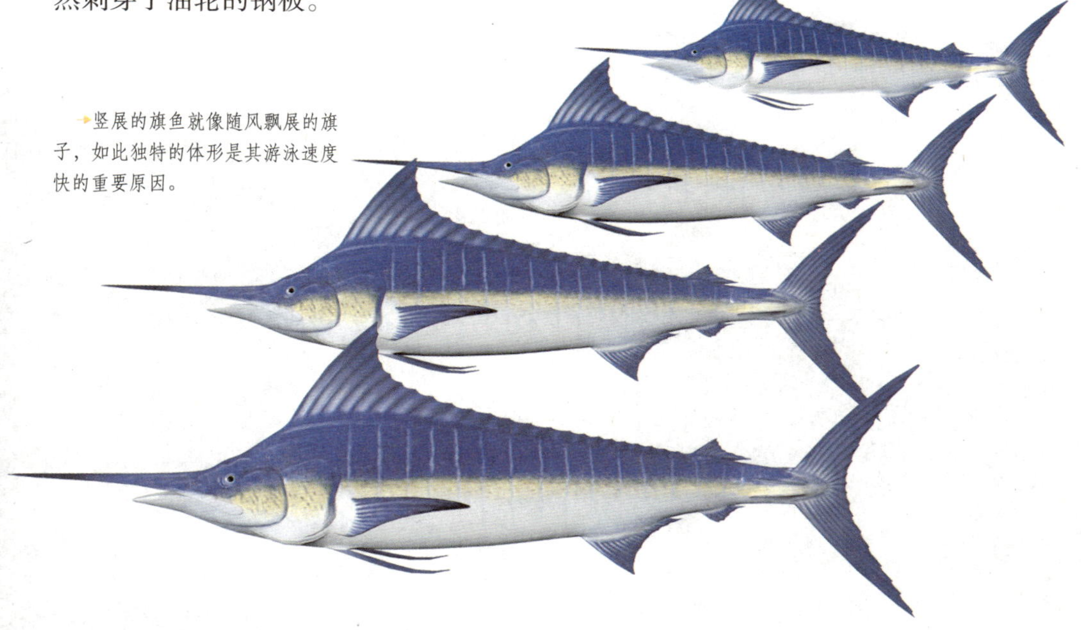

竖展的旗鱼就像随风飘展的旗子，如此独特的体形是其游泳速度快的重要原因。

产卵最多的鱼

相貌奇特的翻车鱼是一种繁殖能力极强的鱼，雌鱼一生中可产下约3亿颗卵，真不愧是海洋中产卵最多的鱼。翻车鱼既笨拙又不善游泳，常常被海洋中其他鱼类、海兽吃掉，而它不至于灭绝的原因就是其所具有的强大生殖能力。

奇特的外形

翻车鱼是世界上最大、形状最奇特的鱼之一。它们的身体又圆又扁，像个大碟子，鱼身和鱼腹上各有一个长而尖的鳍，而尾鳍却几乎不存在，于是使它们看上去好像后面被削去了一块似的。翻车鱼有三种，分别为翻车鲀、矛尾翻车鲀及长翻车鲀。在我国台湾花莲外海可捕得前两种。

深水觅食

翻车鱼喜欢吃水母、小鱼、海马、甲壳动物、海蜇、浮游生物和海藻等。它还能在深水中追寻食物。1987年，人们曾在水下540米深处的地方拍摄过翻车鱼觅食的镜头。

知识小笔记

电鳗是鱼类中放电能力最强的淡水鱼类，输出的电压300～800伏特，因此电鳗有水中的“高压线”之称。

翻车鱼

月亮鱼

翻车鱼生活在热带海洋中，身体周围常常附着许多发光动物，它一游动，身上的发光动物便会发出亮光，远看就像一轮明月，故又有“月亮鱼”之美名。

翻车鱼个体较大，最大者体长可达 3 ～ 5 米，体重更可重达 1.5 ～ 3.5 吨。

动物界的生长冠军

早在 20 世纪 30 年代，美国自然史博物馆的鱼类学家就曾对翻车鱼进行过研究，并宣称巨大的翻车鱼是动物界的生长冠军。它们的幼鱼仅有 0.25 厘米长，而长到成年鱼时可达 3 米长，体重比幼鱼时增加了 6 000 万倍。

翻车鱼因看起来只有头没有身子，也叫头鱼。

残酷的食物链

翻车鱼性情温顺，因而常受到人类、虎鲸和海狮的袭击。海狮常常撕咬翻车鱼的背鳍和胸鳍，如果它们撕不开翻车鱼厚而硬的皮，便把失去活动能力的翻车鱼像玩飞盘一样抛向水面，成为凶残的海鸥的美餐，这就是大自然残酷的生存法则。

最低等的海洋动物

海绵是最原始的多细胞动物，2亿年前就已经生活在海洋里，至今已发展到1万多种，占海洋动物种类的1/15，是一个庞大的家族。除了少数海绵种类喜欢淡水外，绝大多数海绵一直生活在海洋中。

被当作植物

由于海绵常常呈先分枝的形状，而且不会移动，所以曾经一度被人们当作植物。1755年才有人记述它具有动物的特征。1765年，人们观察到通过海绵的水流和入水孔的启闭，才进一步证实海绵为动物。

海绵

管状海绵

知识小笔记

世界上最长的软体动物是枪乌贼，它可以达到17米长，其中触手的长度就有13米。

各种各样的海绵

海绵的形状也很奇特，有的像管子，有的像瓶子，有的像球体，有的像扇子……海绵的颜色也五彩缤纷，有鲜红色的，有银灰色的，也有白色的。它们的个体大小相差很大，小的几毫米，大则十几米。

鲜红色的海绵

海绵之所以拥有庞大而兴旺的家族，归功于它那奇特而强大的再生能力。有人把海绵撕成碎片抛入海中，海绵还可以一块块独立长成一个个完整的新个体。

共生共栖

海绵喜欢和其他生物共生共栖。有些水藻长在海绵的身上使其全身变为绿色，乍看起来就像是一个美丽的水藻。有些沙蟹喜欢把海绵撕成碎块贴在自己的腿或壳上，让海绵在它们的身上生长起来，好似披上一层厚厚的铠甲，以此来防御敌害。

最毒的水母

箱水母又叫海黄蜂，属腔肠动物，主要生活在澳大利亚东北沿海水域，经常漂浮在昆士兰海岸的浅海水域。箱水母被认为是目前世界上已知的、对人类毒性最强的生物。在过去的100年中，至少有70人因其丧命。

外形

成年的箱水母，有足球那么大，蘑菇状，近乎透明。在它的身体两侧，各有两只原始的眼睛，可以感受光线的变化，身后拖着60多条带状触须。这些触须正是使人致命之处，它能伸展到3米以外。

触须“武器”

在每根触须上，都密密麻麻地排列着囊状物，每个囊状物又都有一个肉眼看不见的、盛满毒液的空心“毒针”。一个成年的箱水母，触须上都有数十亿个毒囊和毒针，足够用来杀死60人，可见其毒性之大和杀人之狠。

箱水母在海洋中能灵活地游泳前进，能快速地做出180度转弯，灵巧地在物体之间穿梭。

知识小笔记

生活在大西洋和北冰洋的北极霞水母是世界上最大的水母，它们的伞盖直径可达2.5米，伞盖边缘伸出8组共1 200只触手，每组触手伸长可达40多米。

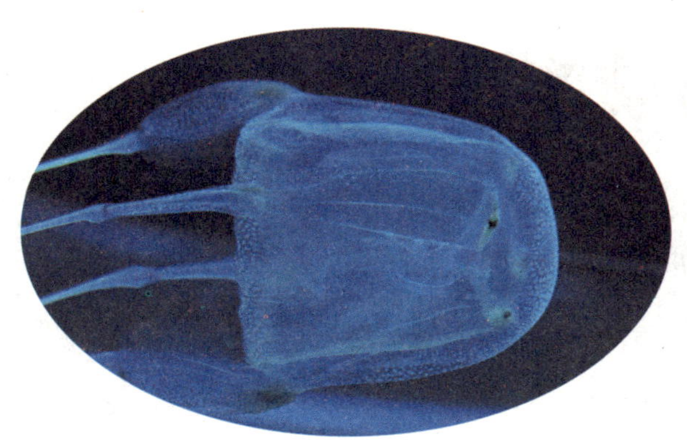

箱水母会喷射毒液

致命的毒液

当箱水母发现猎物时，它就快速漂过去，用触须把猎物牢牢缠住，并立即用毒针喷射毒液。毒液一旦喷射到人的身上，皮肤上就会立即出现许多条鲜红的伤痕，毒液很快就侵入人的心脏，只需 4 分钟就会致人死亡，连抢救的时间都没有。

毒液损害心脏

研究人员已发现，箱水母的毒液主要损害的是人的心脏。一个健康人的心脏有上百万个肌细胞，这些肌细胞都以同一节奏跳动着。当箱水母的毒液侵入人的心脏时，会破坏肌细胞跳动节奏的一致性，从而使心脏不能正常供血，导致人迅速死亡。

箱水母

最聪明的动物

人类是地球上最聪明的动物，我们常说猿猴是人类的近亲，猴子和猩猩等动物也比其他动物聪明得多，甚至会利用简单的工具。然而最聪明的动物并不是这些陆地上的灵长类动物。生活在海洋中的海豚其实更为聪明，而且海豚还非常乐于助人。

发达的大脑

海豚有一个发达的大脑。一只成年海豚的脑均重为1.6千克，占体重的1.17%，人的脑均重约为1.5千克，占体重的2.1%，而猩猩的脑均重尚不足0.25千克，只占体重的0.7%。显然，海豚是一种高智商的动物。

知识小笔记

北极狼是北极地区最聪明的动物，它们在捕捉猎物时具有极高的组织性。追击猎物时，北极狼会分成几个梯队，轮流作战，直到捕获成功。

边休息边工作

海豚的大脑由完全隔开的两部分组成，当其中一部分工作时，另一部分充分休息，因此，海豚可终生不眠。聪明伶俐的海豚经过训练后，还能打乒乓球、跳火圈等。

海豚

跳呼啦圈的海豚

天才领航员杰克

在新西兰首都惠灵顿，有一座造型别致的海豚纪念碑，写着“天才领航员杰克”。1871 ~ 1912 年的 40 年间，一只银灰色的海豚一直在新西兰科克海峡中为船只领航，使过往船只安全躲过暗礁、湍流，船员们亲切地称它为“杰克”。1912 年，杰克悄然逝去，当地人还为它举行了葬礼，以后又为它精雕了铜像。

助人捕鱼

20 世纪初，毛里塔尼亚濒临大西洋的地方有一个贫困的渔村艾尔玛哈拉，大西洋上的海豚似乎知道人们在受饥馑煎熬之苦，常常从公海上把大量的鱼群赶进港湾，协助渔民撒网捕鱼。此外，类似海豚助人捕鱼的奇闻在澳大利亚、缅甸、南美也有报道。

海豚总是表现出十分温顺可亲的样子与人接近，比起狗和马来，它们对待人类有时甚至更为友好。

北极圈之王

北极一年有一半的时间见不到太阳，是地球上最寒冷的地区之一。外表温驯、性情凶猛的北极熊是这里名副其实的霸主，它双掌的力量可以破开冰面，甚至可以捕食白鲸，除了人类以外，北极熊几乎没有天敌。

庞大的身躯

北极熊是陆地上大型的食肉动物，雄性北极熊身长 2.4 ~ 2.6 米，体重一般为 400 ~ 800 千克。而雌性北极熊体形约比雄性小一半左右，身长 1.90 ~ 2.1 米，体重 200 ~ 300 千克。是一种高智商的动物。

北极熊全身雪白

知识小笔记

海豹生活在北极和南极地区寒冷的海滨和巨大的浮冰上，它们是极地地区最善于游泳和潜水的哺乳动物。

生理特征

与它们庞大的身体不同的是，北极熊的耳朵和尾巴都极小，这是为了减少身体的表面积，维持体温。厚厚的皮毛也保证它们能够抵御北极的严寒。北极熊的前爪十分宽大，在游泳的时候宛如双桨，并掌握着前进的方向。它的视力和听力与人类相当，嗅觉是犬类的 7 倍。

北极熊耳朵很小，有助于减少热量的散发

正牌的食肉动物

北极熊属于正牌的食肉动物，它们主要捕食海豹。除此之外，它们也捕捉海象、白鲸、海鸟、鱼类、小型哺乳动物。北极熊全身雪白的皮毛使它与北极的冰雪融为一体，因而它们在捕食的时候不易被猎物发现。

北极熊生长在寒冷的北极

捕食海豹

北极熊的食量很大，为了觅食总是要走很远的路。它们每天都在寻找食物，为了捕食海豹，北极熊经常会守在一个冰洞边等上好几个小时，一旦海豹从冰洞中探出头来呼吸，北极熊便迅速地用前肢一掌将其头骨打碎，然后将其拖出水面尽情享用。

植物之最

植物是地球上出现最早的生命，它们在经过了亿万年的发展、演化后才形成了今天形形色色的植物世界。植物学家将整个植物系统分为藻类、苔藓、蕨类和种子植物，种子植物又分为裸子植物和被子植物。在这个庞大的家族中，植物个体和器官的大小、寿命的长短，千差万别，在它们之间，创造了许多不平凡的记录。

资格最老的种子植物

我国资格最老的种子植物是银杏树，早在3亿多年前它就已经出现在地球上了。后来因为地球上的大冰川，致使大部分银杏树遭到毁灭，成为化石。唯独我国还保存了一部分，所以银杏树也被称为“活化石”。

银杏树

银杏树又名白果树，古时又称鸭脚树或公孙树。它的叶子夏绿秋黄，像一把把打开的折扇，形状别致美观。我国是世界上人工栽培银杏最早的国家，在公元1265年南宋陈景沂著的《全芳备祖》中，就有关于银杏的记载，比世界其他各国都早。

银杏树

长寿树

银杏是一种难得的长寿树，我国不少地方都发现有银杏古树，特别是在一些古刹寺庙周围，常常可以看见栽有数百年和千年有余的大树。像有名的庐山黄龙寺的黄龙三宝树，其中一株是银杏，直径近2米，而北京潭拓寺的银杏年逾千岁。

银杏叶

药用价值

银杏的种子成熟时橙黄如杏，外种皮很厚，中种皮白而坚硬，故又有“白果”之称，可以入药，有润肺、止咳和降低胆固醇的功能。银杏叶的提取物还是心脑血管的保健药物，在欧美市场上特别盛行。

知识小笔记

世界上最长寿的银杏是位于我国山东莒县定林寺中的大银杏，据说它栽种于商朝，现在，树高 24.7 米，胸围 15.7 米，树冠阴地 200 平方米。

银杏的种子

园林树木

银杏在 200 多年前传入欧、美各国，由于其树干高大挺拔，叶形秀美，春夏翠绿，深秋金黄，因而与雪松、南洋杉、金钱松一起被称为世界四大园林树木。我国园艺学家们也常常把银杏与牡丹、兰花相提并论，誉为“园林三宝”，并把它尊崇为国树。

净化空气、保持水土

银杏树具有抗污染、抗烟火、抗尘埃等功能，不但能净化空气，减少大气层悬浮物含量，提高空气质量，而且还能涵养水源，防风固沙，保持水土，改善生态环境。

植物界的最大家族

被子植物是植物界中数量最多、结构最复杂、进化地位最高级的植物类群，几乎适应任何环境。而且，被子植物的外形差异很大，有参天大树也有娇嫩小草，有蔬菜水果也有鲜花药材。总之，它们和人类的关系非常密切。

被子植物“桃花”

庞大的家族

被子植物是植物界中最晚出现，又最具生命力的植物类群。全世界约有被子植物400多科，1万多属，20多万种，占植物界的一半，并且占据着现代地球大部分陆地空间，是世界植被的主要组成部分。我国有被子植物2 700多属，约3万种。

杏的果实

知识小笔记

人类的大部分食物都来源于被子植物，如谷类、豆类、薯类、瓜果和蔬菜等。

特征

与其他类型的植物相比，被子植物具有根、茎、叶、花、果实和种子，而且种子的外面有果皮包裹着。比如桃、李、梅、杏的果实，它们由果皮、果肉包着种子的核，种核里藏着种子，通过种子来繁殖后代。

被子植物的祖先

生长在 1.3 亿年前的中华古果是被子植物的祖先，它们能开出美丽的花朵，并用果实来保护种子，这样的生殖方式非常先进，使得它们得以顺利地繁衍和壮大。

兰花

分类

根据被子植物种子里子叶的数目是一片还是两片，我们将其分为单子叶植物和双子叶植物两大类。除了子叶的不同，我们还可以根据叶脉和根系的不同来区分这两类植物。

单子叶植物

单子叶植物只有一片子叶，它没有形成层，叶脉之间互相平等，花瓣数为 3 或 3 的倍数，而且都是须根系。常见的有水稻、大麦、小麦、高粱、玉米、香蕉、凤梨、水仙、棕榈、椰子和兰花等。

水仙

体积最大的树

世界上的树木种类繁多，有的个头非常矮小，有的却非常高大，其中体积最大的树要数美国加利福尼亚州的巨杉了。巨杉长得又高又胖，而且寿命很长，一般能活两三千年，所以巨杉又被人们称为“世界爷”。

发现

7 000 万年以前，巨杉广泛分布于北半球，后来经过第四纪冰川的活动，它们在地球上渐渐消失了。100 多年前，人们在美国加利福尼亚州的内华达山脉西坡，发现了一些残存的巨杉。

巨杉

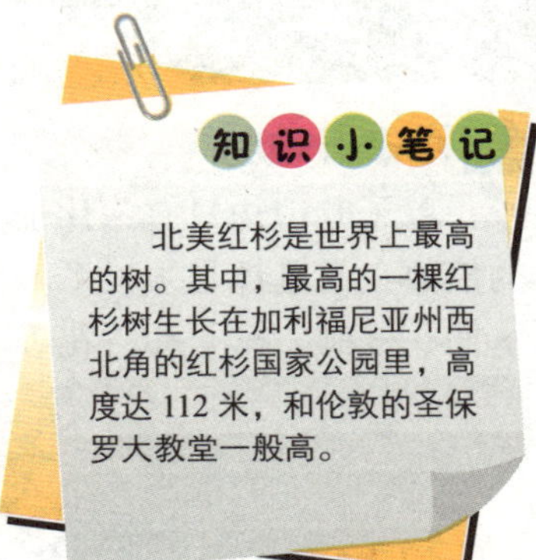

知识小笔记

北美红杉是世界上最高的树。其中，最高的一棵红杉树生长在加利福尼亚州西北角的红杉国家公园里，高度达 112 米，和伦敦的圣保罗大教堂一般高。

命名

人们发现了这种巨树后，因它的枝叶奇特，所以称其为“猛犸树”或“加利福尼亚松”。1859 年英国人将它命名为“威灵顿巨树”，而美国人却把它命名为“华盛顿巨树”，后来经过植物学家的研究，才将它正式定名为巨杉。

谢尔曼将军

目前，世界公认的最大的巨杉是一株被尊称为“谢尔曼将军”的巨树，树高 83 米，胸径 31 米，树龄为 3 500 多岁，重量相当于 450 多头非洲象或者 15 头蓝鲸，可以说是生物世界中绝对的冠军。

庞大的身躯

巨杉树非常粗大，就算把树锯倒以后，人们也要用长梯子才能爬到倒下的树干上去。由于“谢尔曼将军”挡住了人们的道路，所以，人们在大树的下部开了一个洞，川流不息的汽车可以从树中间穿过。

巨杉高大、伟岸的身躯

万木之王

据估计，用“谢尔曼将军”树可以制作出 55 753 平方米板材。如果用它们钉一个大木箱，足可以装进一艘万吨级的远洋轮船。目前，这株“万木之王”受到了美国政府的特别保护，傲然挺立在内华达山脉西侧的红杉国家公园中。

木材最轻的树

原产于南美洲及西印度群岛的轻木，是生长最快的树木之一，也是世界上最轻的木材。轻木也叫巴沙木，“巴沙”在西班牙语中的意思是“筏子”，当地的居民早就用轻木作木筏，往来于岛屿之间。

轻木

哥伦布的发现

15 世纪，当哥伦布踏上美洲大陆后，发现当地土著人乘着一种特殊木头扎成的木筏，在激流中始终都不会沉没，而且用这种木头制造出的生活用具和工艺品，很受人们欢迎。于是，西班牙军人将其称为轻木。后来，轻木被运到欧洲，并逐渐在全世界传播开来。

自然特征

轻木是木棉科、轻木属中唯一的一种常绿中等乔木。这种树四季常青，树干高大，叶子像梧桐，交互生长在枝条上。轻木的花为 5 片黄白色的花瓣，像芙蓉花，种子为淡红色或咖啡色，外面被绒毛覆盖着，裂开后非常像棉花。

知识小笔记

20 世纪 60 年代，我国开始引种轻木。目前，我国的云南、广西、广东、福建、海南、台湾等省区有部分种植。

轻木制成的飞机模型

“轻如鸿毛”

轻木的密度只有 0.16 ~ 0.2，比起最重木材 1.2 的密度来，可以说“轻如鸿毛”。轻木每立方米仅重 115 千克，一个正常的成年人可以抬起约等于自身体积 8 倍的轻木甚至更多。一根长 10 米，两个人才能合抱住的轻木，一个妇女就能轻易地将它扛起来。

轻木

速生树种

轻木不仅木材特别轻，木质细白、虫蚁不蛀，而且生长迅速，是世界上最速生的树种之一，一年就可长到 5 ~ 6 米，直径 5 ~ 13 厘米。

用途

由于轻木既隔热，又隔音，因此是制造绝缘材料、隔音设备、救生胸带、水上浮标及飞机的良好木材。

轻木冲浪板

水生植物中最大的叶子

王莲是水生有花植物中叶片最大的植物，是极有名的大型花卉，它的叶子为圆形，像一个圆盘浮在水面上。王莲原产于南美洲的亚马孙河流域，现在已经引种到世界各地的大植物园和公园中，十分受人们的欢迎。

巨大的王莲叶

王莲叶

王莲是世界上最大的莲，普通莲花的叶子直径为 0.6 ~ 0.7 米，但王莲叶直径达 2 ~ 3 米，最大可达 4 米。叶子向阳的一面是淡绿色的，非常光滑，背阳的一面是土红色的，密布着粗壮的叶脉和刺毛。叶子的边缘向上卷，浮在水面上就像只大平底锅。

王莲

王莲的花

王莲花

王莲的花也属于大型花，直径为 25 ~ 40 厘米，傍晚时伸出水面开放，香味很浓，次日逐渐闭合，傍晚又会再次开放。到了第 3 天，花就会闭合并沉入水中。

知识小笔记

生长在非洲沙漠地区的百岁兰，一生只长两片叶子，不凋不谢，叶子寿命为植物界中最长的，有的可长达 2 000 年以上，极为珍贵。

王莲的姐妹

王莲属于睡莲科，该科的代表植物还有莲、睡莲等。莲就是我们所熟悉的荷花，它的分布非常广泛。莲种子的寿命极长，在我国发现的古莲子的寿命已有 1 000 余年，在适当条件下栽培仍可发芽、成长、开花。睡莲因花梗在夜间弯入水中，故称“睡莲”。

睡莲

珍贵花卉

王莲的观叶期 150 天，观花期 90 天，若将王莲与荷花、睡莲等水生植物搭配布置，将形成一个完美、独特的水体景观。如今，王莲已是现代园林水景中必不可少的观赏植物，也是城市花卉展览中必备的珍贵花卉，既有高的观赏价值，又能净化水体。

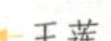

王莲

最大的花

在苏门答腊和婆罗洲的热带雨林里，生长着一种十分奇特的植物，它的名字叫大花草。这种植物的花特别大，一般直径可以达到1米左右，最大的直径可达1.4米，是世界上最大的花，因此人们又叫它"大王花"。

花的外形

大花草有5片又厚又大的花瓣，外面带有浅红色的斑点，每片花瓣长30～40厘米。一朵花有6～7千克重，因此看上去艳丽又壮观。它的花心像个面盆，可以盛5～6升的水。

知识小笔记

无根萍的直径约0.2～0.4毫米，它开的花只有针尖般大小，是世界上最小的开花植物。

臭不可闻

大花草的花很特别，在刚开放时有点香味，但几天后就变得臭不可闻了，这种令人难以忍受的恶臭能传到几千米以外，招来一些蝇类和甲虫为它传粉。

大花草花瓣外面有浅红色的斑点。

大花草并不能进行光合作用，而是靠着寄生在葡萄藤一类的热带藤类上吸收养分存活。

生活习性

大花草更为奇特的是它没有茎也没有叶，就寄生在一种藤本植物上，一生只开一次花，整个花就是它身体的全部了。大花草从藤本植物上吸收来的全部营养几乎全部供应花的生长。

小小的种子

大花草的花虽然大，但它的种子很小，比一粒米还小，用肉眼几乎难以看清。种子带有黏性，当大象或其他动物踩上它时，就会被带到别的地方生根、发芽，繁殖后代。

受到保护

由于大花草赖以生存的热带雨林受到人类的大量采伐，加上当地人将它作为药用而滥采，使得这种植物濒临灭绝的境地。1984年，国际自然和自然资源保护联盟将大花草列为“世界范围内遭受最严重威胁的濒危植物”，要求人们加以保护。

大花草

产油量最高的植物

自然界中的植物千姿百态，其中有一类产油的植物，我们叫它油料作物，比如油菜、花生、大豆、向日葵、油棕榈等。我们日常的食用油几乎都产自它们，其中油棕榈被誉为“世界油王”，是油料作物中产油量最高的。

分类

油棕榈有两个品种，一种是原产于西非的非洲油棕榈，分布范围为安哥拉至冈比亚的西非地区以及马来西亚和印度尼西亚。另一种是中美洲和南美洲北部的美洲油棕榈，又称黑果棕榈。

知识小笔记

马来西亚是世界最大的棕榈油生产国和出口国，所产棕榈油的 47%销往世界各地。

有趣的果实

油棕榈的果实特别有趣，它们成串地长在坚硬且边缘有刺的叶柄里面，果实近似椭圆形，表皮光滑，刚长出来时是绿色或深褐色，大小如蚕豆，成熟时逐渐变成黄色或红色。大量的油脂就含在这些果实里面。

油棕榈在亚热带、热带地区的分布比较广泛。

世界油王

油棕榈果实的含油量高达50%以上，一株油棕榈每年可产油30～40千克，每亩产油可达100～200千克。如果采用优良品种，小面积一亩产油可高达600多千克。油棕榈每亩产油量是椰子的2～3倍，是花生亩油量的7～8倍，所以被人们誉为“世界油王”。

油棕榈

果肉

油棕榈产的油我们都统称为棕榈油，其中果肉油被广泛应用于制造肥皂、香皂、蜡烛、清洁剂、润滑油、甘油、颜料、化妆品、发膏、铁器防锈剂及汽车燃料等。

油棕榈的果实

果仁油

在非洲，人们取果仁油作为日用烹饪油。在工业上，果仁油被用于制造人造黄油、巧克力、雪糕和食用油脂，果仁渣可以用作饲料。

最奇特的结果习性

陆地上的植物，几乎都在地上开花，地面上结果，唯独花生的结果习性最为奇特，它是在地上开花，却地面下结果，所以人们叫它落花生。花生起源于南美洲热带、亚热带地区，大约在16世纪传入我国，19世纪末开始有所发展。

花生的习性

花生幼苗出土以后，经过18～25天就开始开花。在傍晚的时候，它慢慢地显露出黄色花朵，到次日晨7点钟左右，花朵开放，当天就凋落。开花以后的第4天，它的子房柄伸长，向土下生长，大约经过50天，果实便成熟了。

知识小笔记

现在世界上高产、稳产、推广面积最大的花生品种是美国"佛罗蔓生"，它占美国当前花生生产面积的90%以上。

喜欢黑暗

据测定，花生在土下结果的方式是尤其喜欢黑暗的特性造成的，即一旦发育中的小果实中途见了阳光，就不会再正常生长了。花生这种古怪的脾气，在异彩纷呈的植物界中也是非常另类的。

广阔的花生田

分布

世界生产花生的国家有100多个，亚洲最为普遍，其次为非洲。我国花生分布很广，各地都有种植。主产地区为山东、辽宁东部、广东雷州半岛、黄淮河地区以及东南沿海的海滨丘陵和沙土区。其中山东省约占全国生产面积的1/4，总产量超过全国的1/3。

花生

花生

营养价值高

花生果具有很高的营养价值，内含丰富的脂肪和蛋白质。据测定花生果内脂肪含量为44%～45%，蛋白质含量为24%～36%，含糖量为20%左右，并含有多种维生素，矿物质含量也很丰富，特别是含有人体必需的氨基酸，有促进脑细胞发育，增强记忆力的功能。

食品原料

花生是100多种食品的重要原料。除了可以榨油外，它还可以炒、炸、煮食，制成花生酥以及各种糖果、糕点等。由于花生烘烧过程中有二氧化碳、香草醛、氨、硫化氢以及一些其他醛类挥发出来，因而构成花生果仁特殊的香气。

烘烧后花生仁带有香气。

最粗的药用树

外貌奇特的猴面包树生长在非洲东部辽阔的草原上，这种树虽然树干高不过20米左右，直径却能达到15米以上，而且它的树皮、种子、果实都可以入药，因此，它成了目前世界上最粗的药用树木，被称为“药材大王”。

知识小笔记

人参有调气养血、安神益智、生津止咳、滋补强身的神奇功效，所以被人们誉为“中药之王”。

“倒栽树”

关于猴面包树还有一个古老的传说：当猴面包树在非洲“安家落户”时，由于不听“上帝”的安排，自己选择了热带草原，因而愤怒的“上帝”将它连根拔了起来，从此猴面包树就倒立在地上，变成了一种奇特的“倒栽树”。

猴子的美味

猴面包树的果实巨大如足球，甘甜汁多，是猴子、猩猩、大象等动物最喜欢的食物。当它的果实成熟时，猴子就成群结队而来，爬上树去摘果子吃，所以它又有“猴面包树”的称呼。

猴面包树还被当地人称作为“大胖子树”

贮水本领

每当旱季来临，为了减少水分蒸发，猴面包树的叶子会全部脱落。一旦雨季来临，它就利用自己粗大的身躯和松软的木质代替根系，如同海绵一样大量吸收并贮存水分，待到旱季时慢慢享用。因此，猴面包树是草原上旅行者的“生命树”。

猴面包树的寿命很长。

长寿树

猴面包树还是有名的长寿树，即使在热带草原那种干旱的恶劣环境中，其寿命仍可达 5 000 年左右。据有关资料记载，18 世纪，法国著名的植物学家在非洲曾见到过一棵树龄超过 5 500 年的猴面包树。

药用价值

猴面包树的果实、叶子以及树皮都可以入药，有养胃利胆、清热消肿、止血止泻的功效，其中树叶和果实的浆液至今还是当地常用的消炎药物。

猴面包树具有很高的药用价值。

生命力最顽强的植物

在裸露的岩石上，在粗糙的树皮表面，我们常常可以看到颜色微绿、形似花瓣的片片斑痕，这就是地衣。它是自然界中生命力最顽强的植物，无论高山还是平原，森林还是沙漠，从严寒的南北两极到酷热的赤道，我们都能找到地衣的踪迹。

顽强的生命力

据试验，地衣在−273℃的低温下还能生长；在真空条件下放置 6 年还保持活力；在比沸水温度高 1 倍的温度下也能生存。因此，无论沙漠、南极、北极，甚至大海龟的背上地衣都能生长。

植物的开路先锋

地衣一般生长很慢，数年内才长几厘米。地衣所分泌的地衣酸能够腐蚀分解岩石，因此，地衣是世界的拓荒者。人们称之为“植物的开路先锋”。

知识小笔记

不同种类的地衣在世界各国还是各种产品的原料。如，冰岛人把地衣粉加在面包、粥或牛奶中吃。法国用地衣制造巧克力糖和粉粒。

土壤表面的地衣

地衣是植物的开路先锋

生命力顽强的秘密

地衣是真菌和藻类植物的共生体。真菌吸收土壤中的水分和无机盐，满足藻类植物生活的需要；藻类植物含有叶绿体，能够进行光合作用，为真菌提供营养物质。真菌和藻类植物的这种紧密的合作，就是地衣有如此顽强生命力的秘密。

地衣的形态

地衣的体内除了纵横交错、有密有稀的无色的真菌丝以外，中间是藻层，由藻类细胞组成。还有从下层伸出成束的假根，它没有真根、茎、叶等器官。根据外部形态，地衣可以分成 3 类：壳状地衣、叶状地衣和枝状地衣。

地衣

南极大陆的“绿色生命”

地衣生长所需的物质主要来自雨露和尘埃。在终年冰封的南极，地衣多达 400 余种，是植物中的优势种类。这里的地衣有黑色、灰色、黄色、白色和红色，真可谓五彩缤纷，它们不仅为南极增添了色彩，更给南极带来了生命的气息。

最大的种子

世界上最大的种子是一种被称为塞舌尔棕榈树的种子，塞舌尔棕榈又叫复椰子树或海椰子，它生长于西印度洋的塞舌尔群岛上。一棵海椰子树一次结果几十个，果实重达 20 ~ 30 千克，被称为“最重级的椰子”。

海椰子树

海椰子属于棕榈科，树高 20 ~ 30 米，树叶呈扇形，宽 2 米，长可达 7 米，最大的叶子面积可达 27 平方米，由于整座树庞大无比，所以，人们称它为“树中之象”。

知识小笔记

据说，当年德国皇帝鲁道夫二世曾经提出用 250 千克黄金购买海椰子果实，但遭到塞舌尔政府的断然拒绝。

巨大的果实

海椰子树最令人称奇的是它那硕大的果实。海椰子的果实横宽 35 ~ 50 厘米，外面长有一层海绵状的纤维质外壳，剥开外壳后就是坚果，坚果的重量也有 15 千克，是世界上最大的坚果。

海椰子的大果实

海椰子成熟的果实

漫长的生长

海椰子树的生长速度都极为缓慢，从幼株到成年需要 25 年的时间。雄树每次只开一朵花，花长 1 米多，雌株的花朵要在受粉 2 年后才能结出小果实，待果实成熟又得等上七八年时间。

海椰子的故乡

海椰子的故乡普拉兰岛是塞舌尔的第二大岛，岛上大面积地生长着棕榈树，是世界上唯一保存着大面积海椰子树的地方，1983 年被联合国教科文组织列入《世界自然遗产名录》。

塞舌尔的国宝

海椰子树因其稀有奇特而弥显珍贵，被塞舌尔视为“国宝”，政府严禁人们砍伐海椰子树和采摘其果实，并禁止私运出国，外国游客若想带走海椰子，必须持有当地政府颁发的许可证，而且一枚海椰子果实标价高达 2 000 美元。

海椰子树

3321
NO

科技之最

科学技术是第一生产力，科技的进步在人类社会的发展史上扮演着极其重要的角色。从 18 世纪 60 年代第一次科技革命的兴起到 20 世纪四五十年代的第三次科技革命的进行，人类社会创造了空前丰富的物质财富，人们的生活也发生了翻天覆地的变化。在一系列伟大发明创造的推动下，人类社会得到了飞速发展。

最早的洗衣机

现代社会，洗衣机几乎已经成为每个家庭必不可少的家用电器，并且人们对它的依赖性也愈来愈强。随着科技的发展，功能越来越先进的洗衣机使人们的生活变得更加舒适。世界上最早的洗衣机诞生于19世纪的美国，当时它并没有得到人们的认可。

机器洗衣的开端

1858年，美国人汉密尔顿·史密斯在匹茨堡制成了世界上第一台洗衣机。同年史密斯取得了这台洗衣机的专利权。但这台洗衣机使用费力，且损伤衣服，因而没被广泛使用，但这却标志着用机器洗衣服的开端。

早期的洗衣机

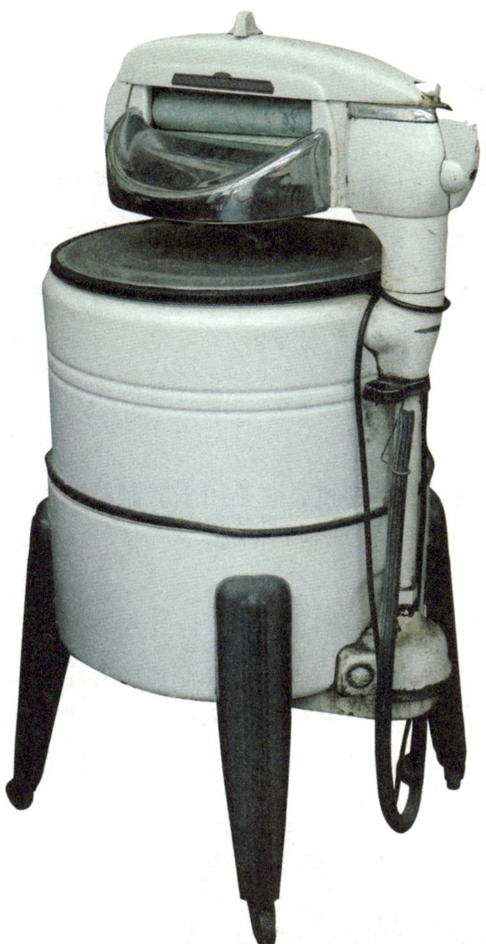

洗衣机的发展

1859 年，德国出现了一种用捣衣杵作为搅拌器的洗衣机，当捣衣杵上下运动时，装有弹簧的木钉便连续作用于衣服。19 世纪末期的洗衣机已发展到一只用手柄转动的八角形洗衣缸，洗衣时，缸内放入热肥皂水，衣服洗净后，由轧液装置将衣服挤干。

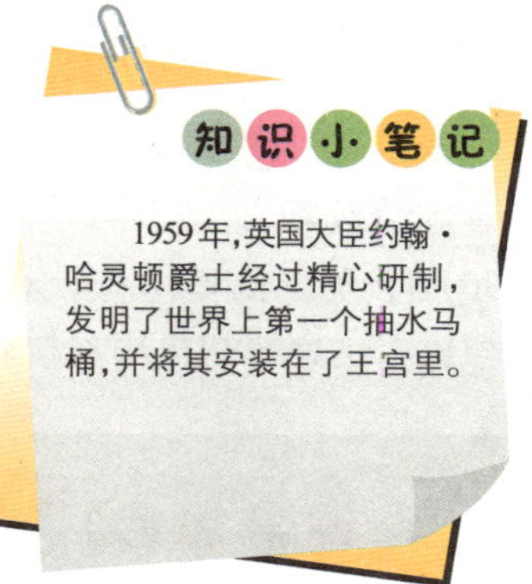

知识小笔记

1959 年，英国大臣约翰·哈灵顿爵士经过精心研制，发明了世界上第一个抽水马桶，并将其安装在了王宫里。

第一台电动洗衣机

1910 年，阿尔儿·费希尔在芝加哥制成世界上第一台电动洗衣机，但这种电动洗衣机进入市场后，销路不佳。

自动洗衣机

1937 年，第一台自动洗衣机问世。这是一种“前置”式自动洗衣机，洗衣机的缸可容纳 4 千克衣服，衣服在注满水的缸内不停地上下翻滚，使之去污除垢。现代的“上置”式自动洗衣机出现于 20 世纪 40 年代。

最早的缝纫机

缝纫机是缝纫布、皮、塑料、纸张等材料的机器，通常用针、线和梭连缀，通过踩踏板或用水力、电力驱动。缝纫机是最早被广泛采用的家用器械，也是一种重要的工业用机器。世界上最早的缝纫机由英国人发明，后来法国人和美国人又对其进行了不断改进。

第一台缝纫机

1790 年，英国的圣托马斯发明了世界上第一台缝纫机，它是用来缝制靴鞋用的手摇缝纫机，这台缝纫机用木材做机体，部分零件用金属材料制造。

知识小笔记

1882 年，美国发明家亨利·W.西利发明了世界上第一个实用的电熨斗。1926 年，美国纽约出现了世界上第一个蒸汽熨斗。

缝纫机的发展

1841 年，法国的蒂莫尼埃设计和制造了实用的双线链式线迹缝纫机；1846 年，美国人取得曲线锁式线迹缝纫机专利，当时的缝纫速度为每分钟 300 针，效率超过 5 名手工操作的缝纫师。

手摇缝纫机

生活中常见的脚踏缝纫机

用于生产

1851年，美国人辛格制造出第一台实用的缝纫机，其缝纫速度为每分钟600针，并于1853年取得美国专利。此后，缝纫机便开始大量用于生产，并逐步增加了钉纽扣、锁纽孔、加固、刺绣等功能。

分类

虽然现代缝纫机的型号繁多，供各种专门工业生产应用，但基本原理并无改变。按用途分为：家用、工业用、服务性行业用；按驱动形式分为：手摇、脚踏、电动等几类。

现代缝纫机

1975年，美国发明了微型计算机控制的家用多能缝纫机。而专业性工业缝纫机发展更为广泛，缝纫速度越来越高，如包缝机已达到每分钟1万针。现在缝纫机最大的生产国是中国。日本最早生产了多用途锯齿形锁缝机。

现代缝纫机

最早的自行车

自行车，在拉丁文中是“快”和“步行人”的意思，中文译名“自行车”。从18世纪末开始，人们制作出了各种不同形式的自行车，但世界上第一批真正实用型的自行车出现于19世纪。

“木马车”

最早的自行车结构非常简单，它前后是两个木质的轮子，中间用横梁相连，上面安了一个板凳供骑车人乘坐，人们称它为“木马车”。它是由一个名叫西夫拉克的法国人在1790年制作完成的。骑车人和行走一样，借助脚蹬地的反作用力，使车轮向前滚动。

知识小笔记

1995年10月3日，荷兰的弗雷德·罗姆贝尔博格在美国犹他州创造了脚踏自行车的最高时速记录268.831千米。

不断改进

1816年，德国人德莱斯给“木马车”的前轮上加了一个控制方向的车把子，可以改变前进的方向。1840年，英格兰的麦克米卢在后轮的车轴上装上曲柄，再用连杆把曲柄和前面的脚蹬连接起来，骑车人双脚交替踩动，车子便会行驶起来，真正使骑车人的双脚离开了地面。

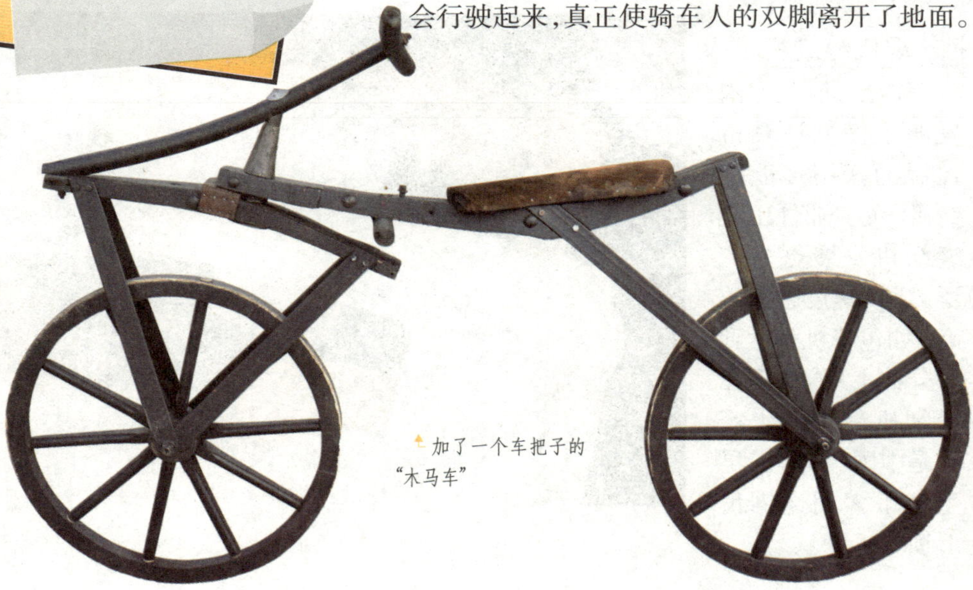

加了一个车把子的“木马车”

改名“自行车”

1861 年，法国的米肖父子在前轮上安装了能转动的脚蹬板，并且将这种车改名为“自行车”。1869 年，英国的雷诺采用钢丝辐条拉紧车圈作为车轮，利用细钢棒制成车架，减轻了自行车自身的重量。

早期的自行车

现代自行车的诞生

1874 年，英国的罗松研究出真正意义上的现代形式的自行车，他给自行车装上了链条和链轮，实现了用后轮的转动来带动车子前进。

大量生产

1886 年，英国的斯塔利将前叉和车闸装在自行车上，将其前后轮的大小统一，用钢管制成了菱形车架，还首次使用了橡胶车轮。斯塔利被称为“自行车之父”，他还改进了生产自行车部件的车床，使自行车实现了大量生产。

现代自行车

最早的火车

蒸汽机的发明使人类进入了工业革命时期。蒸汽机车是现代火车的雏形，世界上第一辆能在铁轨上行走的蒸汽机车即火车，是由英国人乔治·斯蒂芬森于1814年发明的。火车的出现，加快了人类文明的进程。

斯蒂芬森

1781年，乔治·斯蒂芬森出生在一个英国矿工家庭。14岁时，他来到煤矿，当上了一名司炉工，由于聪明好学，他很快就掌握了机械、制图等方面的知识。

乔治·斯蒂芬森

乔治·斯蒂芬森的蒸汽机车

总结经验

1807年，特里维希克和维维安造出了在普通道路上行走的蒸汽机车，但由于车子过于笨重，在普通道路上行驶非常困难，于是，他们放弃了这个发明。斯蒂芬森总结他们失败的教训，于1810年开始研制蒸汽机车。

知识小笔记

法国的TGV是目前是世界上速度最快的火车，其试验时最高时速达到514千米，正常运营时平均时速为300千米左右。

“布鲁克”问世

1814 年，斯蒂芬森的蒸汽机车问世了，他为其取名为“布鲁克”。这辆蒸汽机车有 5 吨重，可以拉动 8 节车厢，载重 30 吨，时速可达 6.4 千米。1825 年，斯蒂芬森在英国达灵顿到斯托克顿之间建成了一条成熟的铁路，其具备了现代铁路的基本要素。

蒸汽机车的发展为人类的生活提供了方便。

1831 年从利物浦开往曼彻斯特的火车铁路。上面的火车车头上标有“利物浦”，是货运火车；下面火车车头上标有“愤怒”，是运送牲畜的火车。

铁路事业的诞生

1825 年 9 月 27 日，在英国的斯托克顿附近挤满了观众，斯蒂芬森亲自驾驶世界上第一列火车“火箭”号疾驰而来，这辆机车后面拖着 12 节煤车，另外还有 20 节车厢，车厢里还搭载着约 450 名乘客。铁路运输事业从此诞生了。

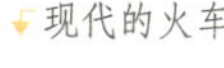

现代的火车

人文之最

在地球亿万年漫长的演变过程中，人类的诞生只有几百万年，而人类文明的出现仅仅几千年而已，但是人类文明始终是地球上最灿烂的光芒，悠远的古巴比伦文明、神秘的古埃及文明和至今仍然源远流长的华夏文明，都是人类文明的杰出代表。

最美丽的雕像

断臂维纳斯，也称米洛斯的维纳斯，是一尊希腊神话中代表爱与美的女神维纳斯的大理石雕塑，是迄今被发现的希腊女性雕像中最美的一尊。它体现了两千多年前希腊人的审美理想，纯洁与典雅，是外在美和精神美的统一。

知识小笔记

目前，世界上最高的雕像是日本茨城县境内的一座佛教雕像，这座青铜雕像高 120 米，宽 35 米，于 1995 年落成。

发现

维纳斯雕像是公元前 1 世纪希腊著名雕塑家阿历山德罗斯的作品。1820 年米洛农民伊奥尔科斯在米洛斯岛上发现它。他试图将这尊雕像藏起来，但后来还是被一个法国驻土耳其大使发现了，并将其买下。

维纳斯的诞生。

断臂女神

据法国舰长杜蒙·居维尔的回忆录，维纳斯出土时的双臂还是完整的，右臂下垂，手扶衣襟，左上臂伸过头，握着一只苹果。不过，在后来为争夺雕像的混战中，维纳斯的双臂不幸被砸断，从此，维纳斯就成了一个断臂女神。现在这尊雕像在巴黎卢浮宫展出。

姿态优美

这座雕像高 2 米，通体由一块半透明的白云石雕刻而成，站立在鸡血纹的云石底座上。她的姿态庄严崇高，典雅优美，通过躯干、肢体和多重衣纹的对比能够产生一种微妙流动的韵律。

断臂维纳斯

断臂维纳斯全身

复制品最多的雕像

在古罗马神话中，维纳斯是美与爱的女神，是女性美的代表者和体现者。古罗马统帅恺撒的宗祠里供奉着维纳斯，认为这位女神是他的祖先。即使在今天，维纳斯也是人们喜爱的、复制品最多的雕像。

最名贵的肖像画

《蒙娜丽莎》是意大利文艺复兴时期画家达·芬奇的一幅油画。这幅画享有极高的盛誉，是肖像画的杰作，它代表了达·芬奇的最高艺术成就，可以说是世界上最著名的油画作品。现在，它被保存在卢浮宫供公众欣赏，是卢浮宫的三大镇馆之宝。

创作《蒙娜丽莎》

达·芬奇在1502年开始创作《蒙娜丽莎》，这幅画耗时4年完成，是直接画在白杨木上的。这幅画面积不大，长77厘米，宽53厘米，成功地塑造了资本主义上升时期一位城市资产阶级的妇女形象。

神秘的微笑

画中人物坐姿优雅，笑容微妙，背景山水幽深茫茫，达·芬奇力图使人物丰富的内心感情和美丽的外形达到巧妙的结合，从而使其微笑具有一种神秘莫测的千古奇韵。蒙娜丽莎那妩媚微笑被不少美术史家称为“神秘的微笑”。

达·芬奇

来到法国

1516年，法国国王弗朗索瓦一世邀请达·芬奇去国王城堡附近工作。这幅画从意大利被带到了法国，国王花了4 000埃居（当时的货币）买下了它，并把它保存在枫丹白露宫，直至路易十四时期。

独特的眼神

神秘的蒙娜丽莎除了以其微笑著称，画中人物的眼神也相当独特。无论你从正面哪个角度欣赏画，都会发现蒙娜丽莎的眼睛直视着你，这使人感到蒙娜丽莎的眼睛仿佛是活的，会随着观众的视角游走，并对所有观众抱以永恒的微笑。

知识小笔记

目前，世界上最高的雕像是日本茨城县境内的一座佛教雕像，这座青铜雕像高120米，宽35米，于1995年落成。

人们根据记载大致可以确定，画中人是佛罗伦萨一位富商的妻子丽莎夫人。她出生于1479年，达·芬奇为她画像时间是1503年，正是她最青春的年龄。

最大的宫殿

北京故宫作为东方宫殿建筑的代表、世界宫殿建筑的典范，是中国古代劳动人民智慧和文化的结晶。故宫也是世界上最大的宫殿，其整个建筑金碧辉煌，庄严绚丽。1988 年，故宫被联合国科教文组织列为“世界文化遗产”。

紫禁城

故宫位于北京市中心，也称“紫禁城”。它始建于 1406 年，1420 年建成，由明成祖朱棣亲自策划营建，动用 30 万民工，共建了 14 年。这里曾居住过 24 个皇帝，是明清两代的皇宫，虽经明、清两代多次重修和扩建，仍然保持了原来的布局。

知识小笔记

故宫博物院是中国的综合性博物馆，收藏的古代艺术珍品共达 100 多万件，占中国文物总数的 1/6，是中国收藏文物最丰富的博物馆。

殿宇之海

故宫占地 72 万平方米，建筑面积 15.5 万平方米，有殿宇宫室 8070 间，被称为“殿宇之海”。故宫里最吸引人的建筑是三座大殿：太和殿、中和殿和保和殿。

故宫

金銮殿

太和殿，俗称“金銮殿”，是皇帝举行大典的地方，有直径达 1 米的大柱 92 根，其中 6 根围绕御座的是沥粉金漆的蟠龙柱。整个大殿装饰得金碧辉煌，庄严绚丽。

太和殿

建筑布局

故宫宫殿的建筑布局有外朝、内廷之分。外朝以太和、中和、保和三大殿为中心，是封建皇帝行使权力、举行盛典的地方。内廷以乾清宫、交泰殿、坤宁宫为中心，是封建帝王与后妃的住所。此外还有文华殿、武英殿、御花园等。

城墙

故宫城墙的周长有 3 400 米左右，高 10 米，城墙下宽 8.6 米，上宽 6.66 米，城墙四角各有 1 座玲珑精巧的角楼。此外，还有一条宽 52 米、长 3 800 米的护城河。

最大的金字塔

埃及是世界四大文明古国之一，金字塔是古埃及文明的代表作。现在，埃及境内已发现110座金字塔，其中位于埃及首都开罗西南约10千米吉萨高地的胡夫金字塔是埃及现存规模最大的金字塔，被喻为“世界古代七大奇迹”之一。

建造时期

胡夫金字塔建于埃及第四王朝第二位法老胡夫统治时期(约公元前2670年)，被认为是胡夫为自己修建的陵墓。在古埃及，每位法老从登基之日起，就着手为自己修筑陵墓，以求死后超度为神。

外型结构

胡夫大金字塔的4个斜面正对东、南、西、北四方，原来底座每边长230多米，由于塔外层石灰石脱落，现在底边减短为227米，倾角为51°52′，塔原高146.59米，因顶端剥落，现高136.5米，相当于一座40层的摩天大楼，塔底面呈正方形，占地5.29万平方米。

知识小笔记

在我国封建社会里，皇帝被称做“真龙天子”，是大地的主宰。因此，紫禁城中有许多栩栩如生的龙的造型。

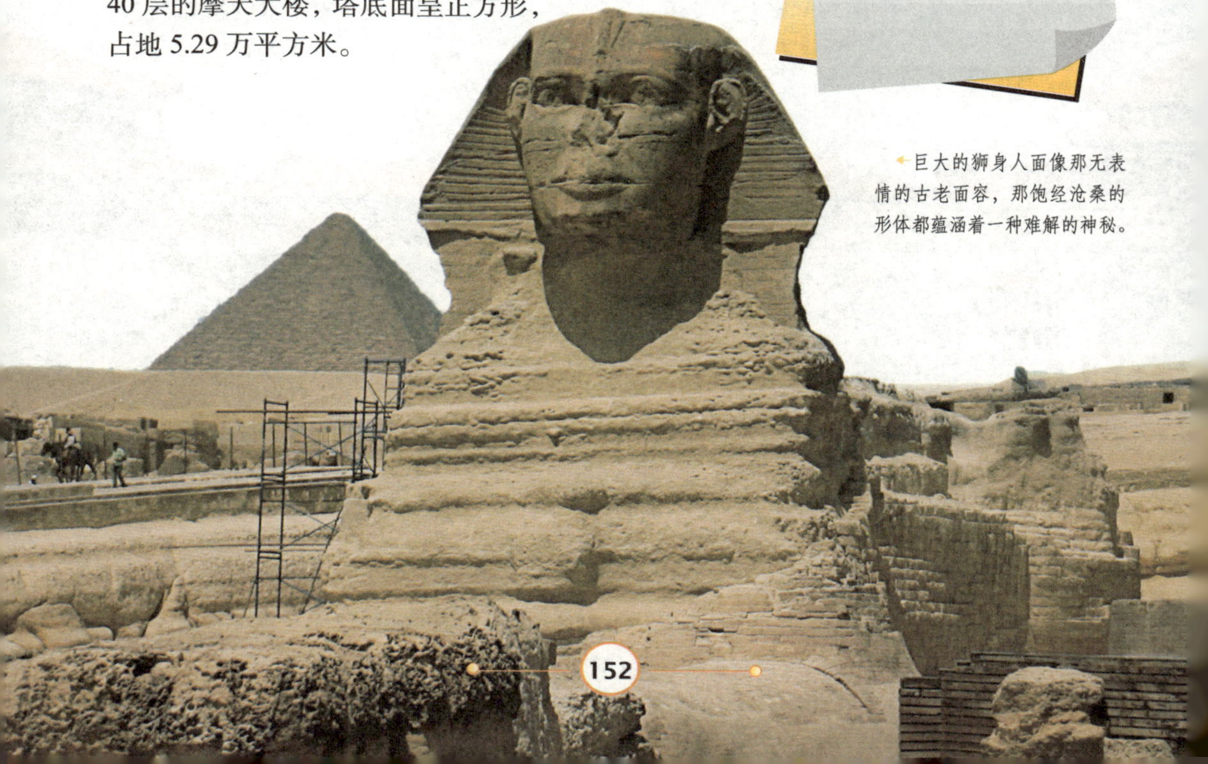

巨大的狮身人面像那无表情的古老面容，那饱经沧桑的形体都蕴涵着一种难解的神秘。

最伟大的石头建筑

胡夫金字塔的塔身由大小不一的 230 万块巨石组成，每块重量在 1.5 ~ 160 吨，石块间合缝严密，不用任何黏合物。胡夫金字塔的建造涉及测量学、天文学、力学、物理学和数学等各领域，被称之为人类历史上最伟大的石头建筑，至今还有许多未被揭开的谜。

内部结构

胡夫金字塔的入口在北侧面离地 18 米高处，经入口的一段甬道下行通往深邃的地下室，上行则抵达国王殡室，室内仅一红色花岗岩石棺，别无他物。另外塔内已知还有王后的殡室。

胡夫金字塔

浩大的工程

据说，修建胡夫金字塔动用了 10 万人，花费了 30 年的时间。学者推测，当时这些劳工大多是贫穷的农民和工匠，他们轮流来到工地参加劳动，工期约 3 个月。

金字塔内部机关复杂，有许多甬道通向不同的墓室，其中的一些墓室至今还没有被打开过。

最大的教堂

世界上最小的国家梵蒂冈拥有世界上最大的教堂，那就是圣彼得大教堂——一个历时120年才修建成功的教堂，它位于意大利首都罗马西北的梵蒂冈，是罗马天主教的中心教堂，欧洲天主教徒的朝圣地与梵蒂冈罗马教皇的教廷。

教堂的历史

圣彼得大教堂最初是由君士坦丁皇帝在圣彼得墓地上修建的，于公元326年落成。1506年，教皇朱利奥二世开始重建教堂，当时，意大利最优秀的建筑师布拉曼特、米开朗琪罗、德拉·波尔塔等相继主持过设计和施工，直到1626年11月18日，教堂才正式宣告落成。

知识小笔记

除了圣彼得大教堂外，世界上著名的教堂还有法国的巴黎圣母院、德国的科隆大教堂、英国的威斯敏斯特教堂和俄罗斯的圣瓦西里大教堂等。

教堂外观

大教堂的外观宏伟壮丽，正面宽115米，高45米，8根圆柱对称立在中间，4根方柱排在两侧。教堂的平顶上正中间站立着耶稣的雕像，两边他的12个门徒的雕像一字排开，高大的圆顶上有很多精美的装饰。

宏伟壮丽的圣彼得大教堂

教堂内部的装饰异常华丽

殿堂内部

整个殿堂的内部呈十字架的形状，在十字架交叉点处是教堂的中心，中心点的地下是圣彼得的陵墓，地上是教皇的祭坛，祭坛上方是金碧辉煌的华盖，华盖的上方是教堂顶部的圆穹，其直径 42 米，离地面 120 米，圆穹的周围及整个殿堂的顶部布满美丽的图案和浮雕。

圣彼得雕像

教堂门前左边树立着圣彼得高大的雕像，他右手握着两把耶稣送给他的通向天堂的金钥匙，左手拿着一卷圣旨。他头上的卷发、脸上的皱纹、下巴上的胡须和身上的长袍都雕琢得非常细腻、逼真。

神情自若、面带微笑的圣彼得雕像。

雕刻艺术三杰

教堂大殿内最引人注意的雕刻艺术杰作主要有三件，一件是米开朗琪罗 24 岁时的雕塑作品《母爱》其他两件是贝尔尼尼雕制的青铜华盖和圣彼得宝座。

最大的行政建筑

美国的五角大楼是世界上最大的行政建筑，它位于华盛顿市西南部波托马克河畔的阿灵顿区，是美国国防部所在地。从空中俯瞰，这座建筑呈正五边形，故名“五角大楼”。该楼于1943年4月15日建成，同年5月启用。

建筑结构

五角大楼占地面积235.9万平方米，大楼高22米，共有5层，总建筑面积60.8万平方米，使用面积约34.4万平方米，当时造价8 700万美元。

知识小笔记

1947年9月，美国第33任总统杜鲁门建立的国防部开始在此办公。从此，五角大楼便成了美国国防部的代称。

建造过程

五角大楼所在地的地质条件很差，原为河边无人居住的大片沼泽。为此，建筑工人打下了41 492根水泥柱，并就地取材，从附近的波掩马可河中挖来68万吨砂石，以压制成30万立方米的钢筋混凝土建筑材料。五角大楼的设计为战争年代节约了建造一座战舰的钢材。

五角大楼

在 2001 年的“9·11”恐怖袭击中，五角大楼内 184 名工作人员遇难。图为“9·11”事件一周年时的五角大楼。

国家军事指挥中心

五角大楼的神经中枢是国家军事指挥中心，在这里，只要一名官员按下按钮，就能和位于世界各地任何一个基地连线，而且还可以随时和美国总统和国防部长保持联系。

五角大楼是美国国防部办公地，美国最高军事指挥机关所在地。

大楼内部

五角大楼一层大厅内有银行、邮局、书店、诊疗所、电报局以及各种商店。有的走廊里还陈列着超大型的驱逐舰、护卫舰模型，有的足有 1.8 米长。

“英雄厅”

三楼走廊的一角有一个“英雄厅”，是为纪念独立战争以来的“最高荣誉勋章”获得者而设的。这里挂着 3 000 多块铜牌，上面镌刻着他们的姓名、籍贯和简历。

第一座钢铁结构高塔

屹立在巴黎市中心塞纳河畔的埃菲尔铁塔是巴黎的标志之一，它也是世界上第一座钢铁结构的高塔，和纽约的帝国大厦、东京的电视塔同被誉为西方三大著名建筑。初到巴黎的人，都愿意登上铁塔塔顶，观赏巴黎全城迷人的景色。

历史背景

1884年，为了迎接世界博览会在巴黎举行和纪念法国大革命100周年，法国政府决定修建一座永久性纪念建筑。经过反复评选，法国建筑师居斯塔夫·埃菲尔设计的铁塔被选中，所以建成后就以埃菲尔的名字命名，叫埃菲尔铁塔。

建造过程

1887年1月28日，埃菲尔铁塔正式开工。250名工人冬季每天工作8小时，夏季每天工作13小时，终于在1889年3月31日完工。埃菲尔铁塔的金属制件有1.8万多个，重达7 000吨，施工时共钻孔700万个，使用铆钉250万个。

埃菲尔铁塔

铁塔结构

埃菲尔铁塔采用交错式结构，由 4 条与地面成 75°度角的、粗大的、带有混凝土水泥台基的铁柱支撑着高耸入云的塔身，塔高约 324 米，相当于 100 层楼的高度。铁塔共有 4 层，每层有一个平台。

埃菲尔铁塔的艺术造型在当时是史无前例的。它用水泥和钢材来建筑四座大拱门底座的技术，是以后出现的钢盘混凝土的先驱。

遭到非议

埃菲尔铁塔的设计方案刚刚出炉时就遭到了许多人的反对，其中包括颇有名望的莫泊桑和小仲马等人。直到第一次世界大战中铁塔在无线电通讯联络方面作出了重大贡献，反对呼声才逐渐平息。

知识小笔记

埃菲尔铁塔不不仅仅是一座吸引人的建筑物，还是法国广播电台的中心，同时，也是气象台和电视台的发射塔。

令人惊奇的